〔 中 国 自 信 理 论 思 考 丛 书 〕

U0602433

理 论 自 信

扎根中国沃土的思维之花

常培育 张家强 ◎ 著

GUANGXI NORMAL UNIVERSITY PRESS

广西师范大学出版社

·桂林·

图书在版编目（CIP）数据

理论自信：扎根中国沃土的思维之花 / 常培育，张家强
著. —桂林：广西师范大学出版社，2019.4
（中国自信理论思考丛书）
ISBN 978-7-5598-1613-9

Ⅰ.①理… Ⅱ.①常… ②张… Ⅲ.①中国特色社会
主义－社会主义建设模式－研究 Ⅳ.①D616

中国版本图书馆 CIP 数据核字（2019）第 032182 号

广西师范大学出版社出版发行

（广西桂林市五里店路 9 号　邮政编码：541004）
（网址：http://www.bbtpress.com）
出版人：张艺兵
全国新华书店经销
广西广大印务有限责任公司印刷
（桂林市临桂区秧塘工业园西城大道北侧广西师范大学出版社集团
有限公司创意产业园内　邮政编码：541199）
开本：880 mm × 1 240 mm　1/32
印张：7.125　　字数：182 千字
2019 年 4 月第 1 版　　2019 年 4 月第 1 次印刷
定价：38.00 元

如发现印装质量问题，影响阅读，请与出版社发行部门联系调换。

总序 ZONG XU

"四个自信"：中国特色社会主义的创新发展

天津大学马克思主义学院院长、国防大学马克思主义研究所原所长　颜晓峰

　　中国特色社会主义是改革开放以来党的全部理论和实践的主题。中国特色社会主义的基本内涵，随着实践的拓展、认识的深化而丰富发展。40年来，中国共产党领导中国人民成功开辟中国特色社会主义道路，形成中国特色社会主义理论体系，创设中国特色社会主义制度，积淀中国特色社会主义文化。党的十九大报告指出："中国特色社会主义道路是实现社会主义现代化、创造人民美好生活的必由之路，中国特色社会主义理论体系是指导党和人民实现中华民族伟大复兴的正确理论，中国特色社会主义制度是当代中国发展进步的根本制度保障，中国特色社会主义文化是激励全党全国各族人民奋勇前进的强大精神力量。全党要更加自觉地增强道路自信、理论自信、制度自信、文化自信。"中国特色社会主义自信涉及中国特色社会主义的经济基础和上层建筑各个方面，是对中国特色社会主义理论和实践全部成果的全方位自信。提出并增强中国特色社会主义道

路自信、理论自信、制度自信、文化自信,使我们党对中国特色社会主义的认识理解,达到了一个新的历史高度和思想深度。增强"四个自信"也对"新时代坚持和发展什么样的中国特色社会主义、怎样坚持和发展中国特色社会主义"这一重大历史课题给予了坚定有力的回答。

一、"四个自信"体现了我党对中国特色社会主义认识的不断深化

"四个自信"是我们党历经艰辛探索得出的最宝贵、最重要的政治结论。改革开放 40 年来,我们党对中国特色社会主义基本内涵的认识不断深化。邓小平同志在党的十二大明确指出:"走自己的道路,建设有中国特色的社会主义",这条道路就是以"一个中心、两个基本点"为内核的党的基本路线。党的十八大总结已有认识和实践成果,进一步概括为中国特色社会主义道路、理论体系、制度,并提出中国特色社会主义道路自信、理论自信、制度自信。

党的十八大以来,以习近平同志为核心的党中央坚持和发展中国特色社会主义,充分发挥文化在实现社会主义现代化和中华民族伟大复兴中强基固本、引领激励的作用,开拓了文化自信的新境界。党的十八届六中全会明确提出"四个坚持",进一步丰富和拓展了中国特色社会主义基本内涵和基本结构。在"七一"重要讲话中,习近平总书记提出坚持中国特色社会主义道路自信、理论自信、制度自信、文化自信,而文化自信是更基础、更广泛、更深厚的自信。在纪念红军长征胜利 80 周年大会上的讲话中,习近平总书记阐述了坚持中国特色社会主义道路、理论、制度、文化的重大意义,强调中国特色社会主义文化是中国人民胜利前行的强大精神力量。在中国文联十大、中国作协九大开幕式上的讲话中,习近平总书记进一步强调,文化自信,是更基本、更深沉、更持久的力量。坚定文化自信,是事关国运兴衰、事关文化安全、事关民族精神独立性的大问题。

基本内涵的丰富,反映了实践和认识的进展。民族复兴、国家富强

是多种因素共同作用的结果。其中,道路决定国家、民族的前途命运,理论是国家、民族发展的行动指南,制度是国家、民族发展的重要保障,文化是国家、民族发展的精神力量。民族复兴离不开文化的繁荣昌盛,国家文化软实力是实现社会主义现代化的重要力量。发展中国特色社会主义文化、建设社会主义精神文明,始终是我们党的不懈追求。在5000多年文明发展中孕育的中华优秀传统文化,在党和人民伟大斗争中孕育的革命文化和社会主义先进文化,积淀着中华民族最深层的精神追求,代表着中华民族独特的精神标识,是实现"两个一百年"奋斗目标、实现中华民族伟大复兴中国梦的不竭精神动力。当前,面对诸多矛盾叠加、风险隐患增多的复杂局面,面对意识形态领域的严峻斗争、多种价值观念的对立冲突,我们要大力弘扬社会主义核心价值观,弘扬以爱国主义为核心的民族精神和以改革创新为核心的时代精神,以坚定的文化自信统一意志、凝聚力量、迎接挑战,不断增强全党全国各族人民的精神力量。

基本结构的拓展,强化了中国特色社会主义的基础。自信往往建立在对事物必然性和现实性的深刻理解之上。中国特色社会主义道路从历史深处走来,又扎根中国大地,具有广泛的现实基础。中国特色社会主义理论体系是党和人民90多年奋斗、创造、积累的根本成就之一,是立于时代前沿、与时俱进的科学理论。中国特色社会主义制度是具有广泛实践性的伟大创造,集中体现了中国特色社会主义的特点和优势。改革开放40年来,道路的不断开创、理论的不断发展、制度的不断创新,特别是文化的不断进步,都彰显了中国特色社会主义的优越性。中国特色社会主义是实践、理论、制度、文化紧密结合的,既把成功的实践上升为理论,又以正确的理论指导新的实践,还把实践中已见成效的方针政策及时上升为党和国家的制度,还要从文化中汲取理论、实践和制度发展的强大精神力量。文化不仅内在于道路、理论、制度之中,而且具有独立存在的价值。文化是民族生存和发展的重要力量,人类社会的每一次跃进,人类文明的每一次升华,无不伴随着文化的历史性进步。正是基于对文化的本源性、基础性作用的深刻认识,我们党把中国特色社会主义的内容进一步拓展,从而使文化的重要功能更加凸显,与道路、理论、制度一道,共同托起中国特色社会主义宏伟大厦。

二、"四个自信"夯实了中国特色社会主义基础

坚定"四个自信"是党中央在新时代进行理论创新和实践创新的重大成果,是新形势下全面推进中国特色社会主义伟大事业的根本保证。

中国特色社会主义道路、理论、制度、文化,是中国特色社会主义的四根支柱。道路关乎党的命脉,关乎国家前途、民族命运。中国特色社会主义道路,以经济建设为中心,坚持四项基本原则,坚持改革开放,是发展中国、稳定中国,通往复兴梦想的康庄大道,实现社会主义现代化的必由之路。理论体系揭示"三大规律",反映实践要求,推进理论创新。中国特色社会主义理论体系,为国家富强、民族振兴、人民幸福提供科学指导和行动指南,是当代中国的马克思主义。制度具有根本性、全局性、稳定性和长期性,是国家兴旺发达、长治久安的政治基础。中国特色社会主义制度,把根本政治制度、基本政治制度同基本经济制度以及各方面体制机制等具体制度有机结合起来,是实现社会主义现代化和中华民族伟大复兴的根本保障。文化是民族生存和发展的重要力量。中国特色社会主义文化,以中华优秀传统文化为根基,以马克思主义为指导,以社会主义核心价值观为灵魂,以社会主义先进文化为主体内容和本质特征,吸收人类文化的优秀成果,是实现中华民族伟大复兴的强大精神动力。

坚持"四个自信"确定了中国特色社会主义前进方向。《关于新形势下党内政治生活的若干准则》指出,全党必须毫不动摇坚持四项基本原则,根本是坚持党的领导,坚持中国特色社会主义道路、中国特色社会主义理论、中国特色社会主义制度、中国特色社会主义文化,做到头脑清

醒、立场坚定,矢志不移坚持和发展中国特色社会主义。这充分表明,
"四个坚持"是坚持党的基本路线的根本要求,是中国特色社会主义始
终沿着正确方向前进的根本保证。"四个自信"是对"四个坚持"所包含
的中国特色社会主义道路、理论、制度、文化四个方面的执着信念、坚定
信心。而"四个坚持"将"一个中心、两个基本点"包含在内,用中国特色
社会主义道路、理论、制度、文化丰富党的基本路线内涵。毫无疑问,坚
持党的领导,坚持中国特色社会主义道路、理论、制度、文化,就是坚持党
的基本路线。增强"四个自信"也就是增强对党的领导、党的基本路线
的坚定信心和执着信念。要在道路、理论、制度、文化等根本问题上坚持
党的领导,紧紧扭住关系党和国家前途命运的关键问题,加强党的领导。

　　坚持"四个自信"确立中国特色社会主义基石。"四个自信"的提
出、丰富和完善,凝结着改革开放以来党坚持和发展中国特色社会主义
的宝贵经验,特别是凝结着党的十八大以来以习近平同志为核心的党中
央全面推进中国特色社会主义新发展的思想与实践结晶。科学把握"四
个自信"的内在联系和基本要求,全面贯彻习近平新时代中国特色社会
主义思想,才能使党和国家事业开创出新局面,中华民族伟大复兴展现
出前所未有的光明前景。

三、充分发挥"四个自信"的强大力量

　　实现中华民族伟大复兴的中国梦,是我们党始终不渝的奋斗目标。
我们必须增强"四个自信",充分发挥其强大力量,确保如期实现奋斗
目标。

　　"四个自信"贯穿于实现中国梦的整个过程,为实现这一目标提供
了实现途径、行动指南、制度保障、精神动力。坚持中国特色社会主义道
路,就要既不走封闭僵化的老路,也不走改旗易帜的邪路,始终不偏离正
确方向。只要我们在改革创新中巩固拓展这条道路,中国道路就必将越
走越宽广。坚持中国特色社会主义理论,就要运用马克思主义基本原理

创造性地解决前进中的问题,努力提高党进行伟大斗争、建设伟大工程、推进伟大事业的能力水平。坚持中国特色社会主义制度,就要不断推进国家治理体系和治理能力现代化,让制度更加成熟,让发展更有质量,让治理更有水平,让人民更有获得感。坚持中国特色社会主义文化,必须高扬理想旗帜,强化全党全民族的精神追求,增强国家文化软实力,建设社会主义文化强国,以文化复兴助推民族复兴。

"四个自信"有力回答了"新时代坚持和发展什么样的中国特色社会主义、怎样坚持和发展中国特色社会主义"的重大课题。经过长期努力,中国特色社会主义进入了新时代。新时代意味着中国特色社会主义道路、理论、制度、文化的不断发展。一个国家、民族走什么道路,选择什么样的指导思想、社会制度、发展模式和文化样态,并不是由哪一些人、哪一个政治团体依其主观意愿决定的,而是取决于这个国家、这个民族的生产力发展水平、经济基础、阶级阶层构成以及历史文化特征、社会综合背景、内外联系交流等。"四个自信"所包含的重要内容和思想内涵,都是在改革开放的伟大实践中进一步坚定的,充分体现了我们党团结带领全党全国各族人民在改革开放中推进中国特色社会主义的政治智慧和重大创造。正是改革开放以来中国发展所创造的震古烁今的人间奇迹,雄辩地证明了中国特色社会主义道路、理论、制度和文化的正确性、时代性和先进性,让亲身经历的人们完全有理由对此充满自信。新时代,我们的形势更加严峻复杂,承担的任务更加繁重艰巨。"四个自信"蕴含着中国特色社会主义美好未来的宏伟愿景和科学规划。增强"四个自信",才能在新时代始终坚持和发展中国特色社会主义,保持政治定力、战略定力,使建设中国特色社会主义获得科学依据和前进动力。

共产主义远大理想和中国特色社会主义共同理想,是中国共产党人的精神支柱和政治灵魂。坚定"四个自信",首先是坚定理想信念。实现共产主义是中国共产党人的最高理想和最终目标,坚持和发展中国特色社会主义是实现共产主义的必经阶段。正是因为坚信人类社会发展规律和趋势,坚信中国特色社会主义是当代中国的正道,我们党才能坚定不移开创中国特色社会主义道路,创立中国特色社会主义理论体系,完善中国特色社会主义制度,发展中国特色社会主义文化,使中国特色社会主义伟大事业日益兴旺发达。要把坚定理想信念作为开展党内政治生活的首要任务,着力解决理想信念上存在的疑难困惑,用理想信念的强大力量坚定"四个自信"。

这套丛书以习近平新时代中国特色社会主义思想为指导,以习近平总书记相关重要讲话为依据,进行理论研究和深入思考,又力求在每本书的章节设置、观点提炼和文字表述方面,反映作者的独立见解,编写出自身的特色,当能为国内对此问题感兴趣的读者提供进一步研究的参考。我们要在历史与当代、理论与实践、中国与世界的层面,把道理讲明白、把事实摆清楚、把错误说透彻,使广大党员群众对"四个自信"始终刻骨铭心,让"四个自信"牢牢引领我们在中国特色社会主义伟大事业征程上阔步前进!

目　录

自信人生二百年，会当水击三千里
——我们为什么需要理论自信？

————

在人类的精神世界里，自信是一种相对积极的、良性的心理状态。它表征着一个民族、国家、政党或个体对自身力量的一种确信，是主体取得成功必备的一种主观因素。对于一个民族、国家和政党来说，自信表现在很多方面，可以是理论上的自信，也可以是道路上的自信，或者是制度上的自信、文化上的自信。其中，理论自信代表了主体对于某种理论成果所持有的信任认可和始终不渝坚守的执着信念。恩格斯曾指出："一个民族要站在时代高峰，一刻也不能没有理论思维。"理论自信指导、支撑其他自信，也是洞悉国家发展进步和未来走向的"众妙之门"。"自信人生二百年，会当水击三千里。"可以说，一个国家要取得长远发展，一刻也离不开理论自信；一个政党要走在时代前列，一刻也离不开理论自信。

党的十八大报告指出："中国特色社会主义道路，中国特色社会主义理论体系，中国特色社会主义制度，是党和人民九十多年奋斗、创造、积累的根本成就，必须倍加珍惜、始终坚持、不断发展。""全党

————

要坚定这样的道路自信、理论自信、制度自信！"①习近平总书记在庆祝中国共产党成立95周年大会上指出："中国特色社会主义不是从天上掉下来的，是党和人民历尽千辛万苦、付出巨大代价取得的根本成就。""全党要坚定道路自信、理论自信、制度自信、文化自信。"②党的十九大报告进一步强调："全党要更加自觉地增强道路自信、理论自信、制度自信、文化自信。"③作为党和人民90多年奋斗、创造、积累的根本成就之一，中国特色社会主义理论体系是全党全国各族人民值得骄傲的理论成果。树立中国特色社会主义理论自信，就是要坚信中国特色社会主义理论体系是指导党和人民沿着中国特色社会主义道路实现中华民族伟大复兴的正确理论，是立于时代前沿、与时俱进的科学理论。是否具有中国特色社会主义理论自信，关系到中国特色社会主义事业兴衰成败，关系到中华民族伟大复兴征程顺利与否，决定党的建设伟大工程能否不断前进。

一、进一步丰富和发展中国特色社会主义理论体系的首要前提

任何科学、正确的理论都必然保持一定的开放性、发展性。在人类思想史中，一些思潮流派、理论体系会随着创始人的逝世而逐步淡出人们的视野，直至失去生命力，而马克思主义绝非如此。马克思主义的创始人从来不盲目地认为自己的学说已经终结了真理，是"包治百病"的万能解药。相反，他们确信他们的理论是不断发展的开放的科学体系，"是发展着的理论，而不是必须背得烂熟并机械地

---

① 《十八大以来重要文献选编》(上)，中央文献出版社，2014年，第9、13页。

② 习近平：《在庆祝中国共产党成立95周年大会上的讲话》，《人民日报》2016年7月2日第2版。

③ 习近平：《决胜全面建成小康社会 夺取新时代中国特色社会主义伟大胜利——在中国共产党第十九次全国代表大会上的报告》，人民出版社，2017年，第17页。

加以重复的教条"。恩格斯曾说，马克思的整个世界观不是教义，而是方法。它提供的不是现成的教条，而是进一步研究的出发点和供这种研究使用的方法。正是循着这样的科学理念，马克思逝世之后，一批又一批后继者涌现。他们保持着高度的理论自信，自觉扎根于实践，面向新的时代，并以科学精神不同程度地推进理论发展。作为划时代的理论成果，马克思主义在思想者们接力创造、不断发展中日臻完善，并散发出璀璨的真理光芒。

中国特色社会主义理论体系是马克思主义中国化实现第二次历史性飞跃所形成的理论成果。改革开放以来，我们党在推进社会主义现代化的伟大实践中，遵循实践—认识—再实践的规律，坚持不懈地进行理论总结和概括，接力推进马克思主义中国化，最终形成中国特色社会主义理论体系。从邓小平理论到"三个代表"重要思想，再到科学发展观，以及习近平新时代中国特色社会主义思想，回顾中国特色社会主义理论体系接力发展的历史进程，我们不难发现，理论的创新发展离不开理论上的自立自信。没有高度的理论自信，就不会有理论本身的创新发展。

（一）在破除"迷信"、确立自信中，提出中国特色社会主义的重大命题

"文化大革命"是我们党在探索中国特色社会主义建设过程中发生的严重失误，给我们党、国家和民族带来深重的灾难，留下极其惨痛的教训。邓小平说："过去的成功是我们的财富，过去的错误也是我们的财富。我们根本否定'文化大革命'，但应该说'文化大革命'也有一'功'，它提供了反面教训。没有'文化大革命'的教训，就不可能制定十一届三中全会以来的思想、政治、组织路线和一系

列政策。"①在"文化大革命"留下的诸多教训中，第一位的就是必须科学对待马克思列宁主义，准确把握中国基本国情，从实际出发探索中国自己的社会主义的道路和理论。② 历史表明，在一系列重大理论问题上混淆是非和敌我，缺乏真正的理论自信，只会走更多弯路。社会主义基本制度在我国确立以后，中国这样一个生产力落后、经济基础薄弱的东方大国如何更好地进行社会主义建设，这个历史课题就现实地摆在党的面前。面对这个十分艰巨而复杂的历史课题，我们党做过有益和成功的探索。但是，由于客观历史条件的局限和主观认识上、理论上的错误，我们在一个时期里对社会主义建设的长期性、复杂性缺乏认识，对什么是社会主义、怎样建设社会主义没有完全搞清楚。结果，"文化大革命"虽是在捍卫马克思主义纯洁性的口号下发生的，却否定了新中国成立后17年内大量的正确的方针政策和成就，实际上也否定了在探索适合中国国情的社会主义道路方面比较正确的认识。它从反面告诉我们，马克思主义为我们的社会主义事业指明方向，但不能代替我们去思考和解决中国社会主义进程中的具体问题。我们必须确立理论自信，从中国实际出发，进行社会主义建设方面的理论创造。

改革开放新时期的开辟、中国特色社会主义理论体系的开创，与理论上的自信密切相关。粉碎"江青反革命集团"以后，广大干部群众强烈要求及时纠正"文化大革命"的错误理论和实践，彻底扭转各方面的混乱局面。然而，短时期内消除混乱并非一件容易的事情。"文化大革命"结束后的两年间，很多拨乱反正的工作受到"两个凡是"③方针的限制。"左"的指导思想没有得到根本纠正，党和国家

① 《邓小平文选》第3卷，人民出版社，1993年，第272页。
② 中共中央党史研究室：《中国共产党历史》第2卷（下），中共党史出版社，2011年，第976页。
③ "两个凡是"：凡是毛主席做出的决策，我们都坚决维护；凡是毛主席的指示，我们都始终不渝地遵循。

的工作只能在徘徊中前进。邓小平以远见卓识，在千头万绪中抓住决定性环节，从端正思想路线入手进行拨乱反正。他领导和支持开展真理标准问题的讨论，冲破"两个凡是"的禁锢，重新确立解放思想、实事求是的思想路线，为党的十一届三中全会的召开做了思想准备。1978 年 12 月 18 日到 22 日召开的十一届三中全会不仅做出了把党的工作重点转移到社会主义现代化建设上来的重要决定，还提出坚持实事求是地解决历史遗留问题，按照历史实际充分肯定毛泽东的伟大功绩。全会郑重指出："党中央在理论战线上的崇高任务，就是领导、教育全党和全国人民历史地、科学地认识毛泽东同志的伟大功绩，完整地、准确地掌握毛泽东思想的科学体系，把马列主义、毛泽东思想的普遍原理同社会主义现代化建设的具体实践结合起来，并在新的历史条件下加以发展。"①随后，党的十一届六中全会一致通过了《关于建国以来党的若干历史问题的决议》（以下简称《决议》），实事求是地评价毛泽东的历史地位，肯定毛泽东思想作为党的指导思想的伟大意义。《决议》还指出，我们必须继续坚持毛泽东思想，并以符合实际的新原理和新结论丰富和发展毛泽东思想。这充分展现了我们党在理论上的清醒和自信。正是在这一系列理论准备的基础上，党的十二大吹响了建设有中国特色的社会主义的时代号角。邓小平明确提出，把马克思主义的普遍真理同我国的具体实际结合起来，走自己的路，建设有中国特色的社会主义。党的十二大后，邓小平提出一系列独创性的观点，深化了我们党对社会主义的认识。这些富有创造性的思想被进一步概括和论述，最终创立了邓小平理论，开创了中国特色社会主义理论体系的第一个重要篇章。

---

① 《三中全会以来重要文献选编》（上），中央文献出版社，2011 年，第 11 页。

（二）在坚定的理论自信中，中国特色社会主义理论体系的发展不断开创新境界

理论自信是理论不断发展的前提。中国特色社会主义理论体系是不断发展的开放的理论体系，这一理论体系凝结了几代中国共产党人带领人民不懈探索的智慧和心血，这一理论体系的发展是一代又一代中国共产党人坚定理论自信接力奋斗的必然结果。20 世纪80 年代末，国际国内政治形势严峻复杂。国际方面，苏联和东欧社会主义国家政局动荡不断加剧，西方国家政要扬言资本主义对社会主义将"不战而胜"；国内方面，资产阶级自由化思潮滋长蔓延，改革开放中积累的矛盾和问题突出显现。理论界思想界一度出现了还要不要坚定对中国特色社会主义的自信方面的疑问。党的十三届四中全会以后，面对 20 世纪 80 年代末 90 年代初国际国内严峻的政治形势和国内改革发展的繁重任务，以江泽民为主要代表的中国共产党人强调，要坚定不移、毫不动摇全面执行党的十一届三中全会以来的路线和基本政策，进一步体现了中国特色社会主义的理论自信。江泽民指出，建设中国特色社会主义是"一篇大文章"，邓小平同志为它确定了基本思想和基本原则，我们的任务就是要继续把这篇文章做好。他提出一系列创新性观点，丰富和发展了党的理论路线方针政策，形成了"三个代表"重要思想，进一步发展了中国特色社会主义理论体系。进入新世纪新阶段，我国面临的发展机遇前所未有，面对的挑战也前所未有。国际形势复杂多变，国内发展面临着一些突出矛盾和问题，发展的阶段性特征明显。特别是经济社会发展过程中发生的一些事件暴露出经济结构不合理和粗放型经济增长方式还未根本改变、城乡区域经济社会等发展不够协调、人口资源环境压力加大等突出矛盾和问题。党的十六大以来，以胡锦涛为主要代表的中国共产党人立足社会主义初级阶段基本国情，深入分析这些阶段性特征，认真总结我国发展实践，坚定我们党的理论

自信，坚持用马克思主义理论破解发展的新难题，形成了科学发展观等重大战略思想，赋予中国特色社会主义理论体系以新的丰富内容。党的十七大把改革开放新时期以来所形成的邓小平理论、"三个代表"重要思想以及科学发展观等重大战略思想作为一个有机统一的整体，概括为中国特色社会主义理论体系。

党的十八大以来，国内外形势变化和我国各项事业发展都给我们提出了一个重大时代课题，这就是必须从理论和实践结合上系统回答新时代坚持和发展什么样的中国特色社会主义、怎样坚持和发展中国特色社会主义。以习近平同志为核心的党中央接过历史的接力棒，在续写中国特色社会主义这篇大文章的伟大实践中，以高度的理论自信，围绕这个重大时代课题，坚持以马克思列宁主义、毛泽东思想、邓小平理论、"三个代表"重要思想、科学发展观为指导，坚持解放思想、实事求是、与时俱进、求真务实，坚持辩证唯物主义和历史唯物主义，紧密结合新的时代条件和实践要求，以全新的视野深化对共产党执政规律、社会主义建设规律、人类社会发展规律的认识，进行艰辛的理论探索，取得重大理论创新成果，创立了习近平新时代中国特色社会主义思想。习近平新时代中国特色社会主义思想，是对马克思列宁主义、毛泽东思想、邓小平理论、"三个代表"重要思想、科学发展观的继承和发展，是马克思主义中国化最新成果，是党和人民实践经验和集体智慧的结晶，是中国特色社会主义理论体系的重要组成部分，是全党全国人民为实现中华民族伟大复兴而奋斗的行动指南。[①] 这一重大理论成果的取得同样是中国特色社会主义理论自信的集中体现和必然结果。

---

① 参见习近平《决胜全面建成小康社会 夺取新时代中国特色社会主义伟大胜利——在中国共产党第十九次全国代表大会上的报告》，人民出版社，2017 年，第 20 页。

二、促进中国特色社会主义实践自觉的根本保证

一切成功的实践行动都离不开理性的作用,离不开理论的指导。我们常说,理念是实践的先导,思想是行动的指南。也就是说理念科学,思想正确,发展才能蹄疾步稳,行动才能不断突围。同样,理论上清醒和自信,实践中才能自觉和坚定。

(一)理论上自信,实践中才能获得更加坚定的精神旗帜和行动指南

科学理论总是以概念的逻辑形式、以其包含的规律性和理想性为人们的实践提供精神上的指引、方向上的引领和行动上的指导。没有理论上的自信,就很可能把握不好或者运用不好这种精神引领和理论指导。特别是面对艰巨复杂的事业,从事开创全新的工作,我们更需要以理论上的自信确保方向上的正确、行动中的自觉。我们正在进行的中国特色社会主义事业,是前无古人的开创性事业,其艰巨性、复杂性决定着前进的道路不可能一马平川、一帆风顺。俗话讲,事非经过不知难。回顾改革开放40年波澜壮阔的伟大历程,我们不难发现,我们党带领全国各族人民在中国特色社会主义实践中克服了不少艰难险阻,攻克了不少难题险关。每一次爬坡过坎都离不开理论上的坚定自信,每一个紧要关头都需要理论上的清醒自觉。无论是冲破"两个凡是"的禁锢,纠正指导思想中"左"的错误,还是应对20世纪80年代末90年代初东欧剧变、苏联解体,抵制西化、分化图谋和所谓"制裁";无论是成功应对历史罕见的洪涝、雨雪冰冻、地震等重大自然灾害和"非典"等重大疫病,还是面对亚洲金融危机和当前这场国际金融危机……这些挑战和风险几度使党和国家处于向何处去的重大历史关头,能不能坚持党的基本路线不动摇,继续把中国特色社会主义事业推向前进,我们比任何时候

都需要保持理论上的坚定和自信。正是有理论上的自信坚定,我们党才能确保在困难风险面前不畏惧不动摇,带领全国各族人民在中国特色社会主义理论体系的指导下迎接不同的挑战,战胜各种困难险阻。如果没有对中国特色社会主义的坚定信念和执着追求,没有指导思想上的坚定不移和与时俱进,就不会有挑战面前的自如,风险面前的正确应对。

(二)理论上自信,实践中才能更好地把握运用科学的思维方法

科学的理论不仅是知识体系的汇聚,还是思维方式的集合。在科学理论中,思维逻辑和概念框架可以为人们提供历史地发展着的思维方式,告诉人们如何去把握、描述和解释世界。方法论并不是游离于科学理论之外,而是寓于科学理论之中,理论本身就包含着方法。理论自信,自然就包括对蕴藏其中的科学思维方式方法的坚定信仰和执着追求。毛泽东曾指出:"我们不但要提出任务,而且要解决完成任务的方法问题。我们的任务是过河,但是没有桥或没有船就不能过。不解决桥或船的问题,过河就是一句空话。不解决方法问题,任务也只是瞎说一顿。"[1]中国特色社会主义理论体系是马克思主义中国化的最新成果,是马克思主义基本原理同中国实际和时代特征相结合的理论产物。马克思主义的立场、观点和方法贯穿其中,影响和规范着我们党怎样认识世界和改造世界。改革开放新时期,中国特色社会主义伟大实践面临着各种各样的任务,每一个阶段都面临着不同的矛盾和问题。不掌握科学方法,没有科学的思维方式,对很多矛盾问题的解决就会发生偏移,就不能完成艰巨复杂的任务。中国特色社会主义理论体系本身包含着重要的思想方

---

[1] 《毛泽东选集》第 1 卷,人民出版社,1991 年,第 139 页。

法,保持理论自信,很大程度上也是保持方法自信,自觉运用这些科学的思维方式谋划工作、解决问题。

(三)理论上自信,实践中才能更好地得到价值规范和引领

在人类的实践活动中,理论除了以逻辑的形式为主体提供世界图景和思维方式之外,还以其自身的规律性和理想性为主体提供历史地发展着的价值观念。在中国特色社会主义伟大事业接力推进的伟大进程中,每个时代和每个社会都不可避免地具有相互抵牾的价值冲突。整个社会的价值导向和价值规范,从总体上和根本上决定着人们想什么和不想什么,怎么想和不怎么想,做什么和不做什么,怎么做和不怎么做。科学正确的理论能够确立价值坐标的正向度和负向度,提出价值评价的标准及其解释原则。个人的价值判断、价值选择等可以根据科学理论的引导而有了遵循和依据。我们党坚持马克思主义的指导地位,并不断推进理论创新和实践创新,在改革开放新时期形成中国特色社会主义理论体系。中国特色社会主义理论体系内包含着价值导向和规范,为我们推进社会主义伟大实践提供价值引导。随着改革开放的深入推进,盛行于当代的各种非马克思主义甚至反马克思主义的思潮逐渐影响着人们的价值取向。比如,某些后现代主义思潮,消解以往传统的价值尺度,造成相对主义和虚无主义的潮流,带来一种"存在主义的焦虑",使人们感受到一种"信仰失落""形上迷失"和"意义危机"的迷惘与困惑。这与我们所倡导的社会主义核心价值观格格不入。理论不仅规范和引导人们"做什么",而且规范和引导人们"不做什么"。① 离开坚定的理论自信,很容易在形形色色的不良思潮中迷失方向,失去主

---

① 参见孙正聿《理论及其与实践的辩证关系》,《光明日报》2009 年 11 月 24 日。

心骨。如何使自身的实践活动坚持不忘初心又有符合时代要求的价值引领？只有坚定中国特色社会主义理论自信，坚定对社会主义核心价值观的信心，我们才能在纷繁复杂的诱惑考验面前，不忘初心，坚定自身的价值追求，朝着正确的方向前进。

三、推进中华民族伟大复兴征程的重要方面

党的十八大报告有这样一段话："回首近代以来中国波澜壮阔的历史，展望中华民族充满希望的未来，我们得出一个坚定的结论：全面建成小康社会，加快推进社会主义现代化，实现中华民族伟大复兴，必须坚定不移走中国特色社会主义道路。"①党的十九大报告这样强调："实现伟大梦想，必须推进伟大事业。中国特色社会主义是改革开放以来党的全部理论和实践的主题，是党和人民历尽千辛万苦、付出巨大代价取得的根本成就。"这是总结近代 100 多年中华民族复兴历史特别是改革开放以来我们推进中华民族伟大复兴进程而得出的重要结论，也是我们党坚定中国特色社会主义自信的一种庄严宣示。如果说，坚定不移走中国特色社会主义道路的自信对于实现中华民族伟大复兴至关重要，那么，推进中华民族伟大复兴也需要坚定中国特色社会主义的理论自信。

（一）树立理论自信，才能坚定民族复兴的正确方向

一个国家坚持什么样的科学理论，关键要看这个理论能否解决这个国家面临的历史性课题。早在西方文化思潮进入中国之前，古代中国就有一个关于正统思想脉络的意识，即以孔孟之道为代表的儒家思想。然而，到了近代中国，思想的闸门随着国门的被迫打开

---

① 《十八大以来重要文献选编》（上），中央文献出版社，2014 年，第 8 页。

而打开后,孔孟传统思想在西方列强坚船利炮的攻击下变得不堪一击,甚至逐渐丧失合理性和权威性。当时,中国许多仁人志士认为中国文明不如西方文明,开始"师夷长技以制夷"的漫漫征途。改良主义、自由主义、社会达尔文主义、无政府主义、实用主义等各种西方思潮,都曾被介绍并流行,然而最后并没有很好地解答近代国人的困惑。正如毛泽东所说:"从一八四〇年的鸦片战争到一九一九年的五四运动的前夜,共计七十多年中,中国人没有什么思想武器可以抵御帝国主义。"①而十月革命的一声炮响,给中国送来了马克思列宁主义。从此以后,中国改换了方向。马克思主义及其中国化的理论成果,最终指导中华民族获得了复兴的活力。中国特色社会主义道路是在中华人民共和国成立60多年的持续探索中和改革开放40年的伟大实践中走出来的。新中国成立以后,以毛泽东同志为核心的党的第一代中央领导集体带领全党全国各族人民,不失时机地提出了过渡时期总路线,经过社会主义改造,建立起社会主义基本制度,为新的历史时期开创中国特色社会主义提供了宝贵经验、理论准备、物质基础。1978年12月18日召开的党的十一届三中全会,实现了新中国成立以来我们党历史上具有深远意义的伟大转折。新时期的中国共产党人领导带领人民在拨乱反正、开创新局面的过程中,形成了中国特色社会主义理论体系,开启了我国社会主义现代化建设、实现中华民族伟大复兴的新局面。当中华民族的巨大航船,穿越历史的波涛,驶向复兴的彼岸,整个世界都在关注:中华号巨轮的航向如何? 中华民族会以什么样的姿态实现复兴?中华民族的复兴会给世界带来什么? 包括邓小平理论、"三个代表"重要思想、科学发展观、习近平新时代中国特色社会主义思想等在内的中国特色社会主义理论体系很好地回答了这些问题。在这一理论体系的指导下,中华民族伟大复兴坚持社会主义方向、坚持党

① 《毛泽东选集》第4卷,人民出版社,1991年,第1513—1514页。

的领导、坚持人民主体地位、坚持解放和发展生产力、坚持推进改革开放、坚持维护社会公平正义、坚持走共同富裕道路、坚持促进社会和谐、坚持和平发展。缺少自信的复兴，很可能陷入妄自菲薄或妄自尊大。如果缺少中国特色社会主义的理论自信，缺少理论的正确指导，中华民族伟大复兴很可能偏离社会主义轨道，直至迷失方向。

（二）树立理论自信，才能打牢全党全国各族人民为民族复兴共同奋斗的思想基础

共同的思想基础，对于一个政党、一个国家、一个民族的生存发展来说，是至关重要的。没有共同思想基础的维系和支撑，党将不党，国将不国，民族也不会有凝聚力。关于共同思想基础，毛泽东曾强调，党要有"共同语言"，社会主义国家要有"统一意志"；邓小平强调，推进我们的事业"最重要的是人的团结，要团结就要有共同的理想和坚定的信念"。共同思想基础不会凭空产生，也不是人为确定的，而是根源于共同的利益、生长于共同的事业、凝结于共同的目标、受益于共同的理论指导。中华民族伟大复兴是中华各族儿女共同的理想和价值追求，离开共同意志的凝聚和统一，很可能一盘散沙、复兴无望。我们这样一个拥有8900多万党员的执政党和有着13亿多人口的发展中大国，面对深刻变化的国际国内环境、面对人们思想观念多元多样多变的新情况，只有坚持对马克思主义的信心、对中国特色社会主义理论体系的信念和信心，用这些理论成果武装全党、教育人民，才能最大限度地团结和凝聚不同社会阶层、不同利益群体的人们，为实现中华民族伟大复兴而共同奋斗。我们很难想象，没有了中国特色社会主义的理论自信，没有了这种共同意志，中华民族伟大复兴的历史进程靠什么最大限度地调动各族儿女的智力和活力。一些社会主义国家执政党走向垮台、一些发展中国家陷入发展陷阱的教训都告诉我们，没有理论自信、不发展指导思

想、不统一思想和指导实践，民族发展必然会陷入困境。

（三）树立理论自信，才能开辟面向未来的奋进之路

任何科学理论和制度，必须本土化才能真正起到作用。马克思主义也好，社会主义也好，能够在中国取得胜利，关键是我们党不断推进其中国化，紧密结合中国实际加以运用。习近平总书记指出，坚持和发展中国特色社会主义，必须高度重视理论的作用，增强理论自信和战略定力，对经过反复实践和比较得出的正确理论，要坚定不移地坚持。同时要根据时代变化和实践发展，不断深化认识，不断总结经验，不断推进实践基础上的理论创新，坚持理论指导和实践探索的辩证统一，实现理论创新和实践创新的良性互动，在这种统一和互动中发展 21 世纪中国的马克思主义。在坚持和继承马克思主义基本原理的基础上，与时俱进地根据新的实践需要和时代要求不断推进和发展马克思主义，这也正是理论高度自信的集中表现。中华民族伟大复兴的历史征程面临着各种困难、风险和挑战。什么样的理论能够成为我们应对和战胜形形色色困难、风险和挑战的精神支柱？我们应该对这样的理论保持什么样的自信？这些都是开辟未来发展道路必须回答的问题。中国特色社会主义理论体系把社会主义发展与民族复兴的历史任务紧密联系在一起，把人民对美好生活的期待同社会主义发展的未来紧密联系在一起，把国家复兴和个人幸福紧密联系在一起，是引领、激励全国各族人民的强大精神力量。改革开放以来，正是有我们党的坚强领导，有社会主义的制度优势，有中国特色社会主义理论体系给予的信念理论和指导作用，我们才能够获得战胜困难、风险和挑战的主心骨。正如马克思主义并没有终结真理，而是开辟了通往真理的道路，中国特色社会主义理论体系也是开放的不断发展的科学理论。面向未来，我们尤其需要保持理论自信。坚定马克思主义的理论自信是马克思

主义彻底的科学性、坚定的革命性和自觉的实践性的根本要求。因此,坚定中国特色社会主义的理论自信,必须真正恪守与时俱进、开拓创新这一马克思主义最重要的理论品质,使中国特色社会主义理论体系始终保持旺盛的生命力、感召力、创造力,在与时俱进中走向自觉,在理论创新中保持自信。党的十九大报告指出:"经过长期努力,中国特色社会主义进入了新时代,这是我国发展新的历史方位。""这个新时代,是承前启后、继往开来、在新的历史条件下继续夺取中国特色社会主义伟大胜利的时代,是决胜全面建成小康社会、进而全面建设社会主义现代化强国的时代,是全国各族人民团结奋斗、不断创造美好生活、逐步实现全体人民共同富裕的时代,是全体中华儿女勠力同心、奋力实现中华民族伟大复兴中国梦的时代,是我国日益走近世界舞台中央、不断为人类作出更大贡献的时代。"①面对我国经济发展进入新常态、国际发展环境深刻变化的新形势,如何贯彻落实新发展理念、加快转变经济发展方式、提高发展质量和效益,如何更好保障和改善民生、促进社会公平正义? 面对改革进入攻坚期和深水区、各种深层次矛盾和问题不断呈现、各类风险和挑战不断增多的新形势,如何提高改革决策水平、推进国家治理体系和治理能力现代化? 面对世界范围内各种思想文化交流交融交锋的新形势,如何加快建设社会主义文化强国、增强文化软实力、提高我国在国际上的话语权? 面对全面从严治党进入重要阶段、党面临的风险和考验集中显现的新形势,如何不断提高党的领导水平和执政水平、增强拒腐防变和抵御风险能力,使党始终成为中国特色社会主义事业的坚强领导核心? 党的十九大报告强调:"实践没有止境,理论创新也没有止境。世界每时每刻都在发生变化,中国也每时每刻都在发生变化,我们必须在理论上跟上时代,不

---

① 习近平:《决胜全面建成小康社会 夺取新时代中国特色社会主义伟大胜利——在中国共产党第十九次全国代表大会上的报告》,人民出版社,2017 年,第 10—11 页。

断认识规律，不断推进理论创新、实践创新、制度创新、文化创新以及其他各方面创新。"①这些课题的回答，既决定着中华民族伟大复兴的未来走向，也迫切需要我们保持理论自信。

理论是精神旗帜，是行动指南，它来源于实践、指导实践并接受时代和实践的检验。马克思主义诞生以来的100多年里，总有些人想把马克思打入"冷宫"。然而，资本主义经济危机的发生特别是2008年国际金融危机以来，马克思及其《资本论》再度成为西方社会的"宠儿"，"马克思又回来了"的声音在西方时有响起，马克思的"厉害"和马克思主义的"高明"也一再被证明。《共产党宣言》被一版再版，成为工人运动的指路明灯；《资本论》被称为工人阶级的"圣经"，被认为是"获得了一本书所能获得的最伟大的成绩——改变其读者的思想"；马克思本人也被同时代的工人亲切地称为"马克思老哥"。如果缺乏对马克思主义的理论自信，很容易被非马克思主义、反马克思主义的声音所迷惑。在历史发展的关键时刻，邓小平曾说过："我坚信，世界上赞成马克思主义的人会多起来的，因为马克思主义是科学。"保持中国特色社会主义的自信，就是要坚定马克思主义的信仰和信心，坚定中国特色社会主义理论体系的信仰和信心，不断结合时代特征和实践发展的新特点，推动理论创新发展，真正实现指导思想和理论的"中国特色、中国风格、中国气派"。

---

① 习近平：《决胜全面建成小康社会 夺取新时代中国特色社会主义伟大胜利——在中国共产党第十九次全国代表大会上的报告》，第26页。

第一章

理论强党，思想富国
——理论高度自觉的中国共产党

————

　　在中华民族近代以来的历史中,中国共产党的成立是开天辟地的大事件。中国革命的面貌由此焕然一新,中国社会的发展也由此焕然一新。尽管对于中国共产党给中国发展带来根本性变化的原因,国内外有很多结论不一、各有千秋的有益探索,但大多承认:中国共产党善于运用理论的力量,唤起民众、团结奋斗,中国共产党的理论建设对于其领导革命、建设和改革实践的成功功不可没。的确,20世纪以来的中国历史是同马克思主义传入中国,并在中华大地实现中国化、时代化、大众化而密切相关的。无论是进行革命、建设还是改革实践,中国共产党在推进马克思主义中国化、时代化、大众化的过程中表现出的高度的理论自觉和自信,既注重从时代特征和中国国情出发,不断创新发展中国化的马克思主义理论,也善于用新的理论成果武装全党、教育群众,为中国社会主义事业的发展提供理论指导和智力支持。中国特色社会主义道路的开辟和发展、中国特色社会主义理论体系的形成,都离不开这种理论上的自觉。90多年来,马克思主义真理放射出的自信之光曾照亮思想的夜空,并照耀着中国共产党的奋进之路、社会主义中国的发展之路、中华民族伟大的复兴之路。可以说，没有我们党自身在理论建设、思想建设方面的高度自觉，中国特色社会主义的理论自信将无法想象。

一、保持理论自信，高度重视理论指导

"人只不过是一根芦苇，是自然界最脆弱的东西；但他是一根能思想的芦苇。……我们全部的尊严就在于思想。"17世纪，法国哲学家帕斯卡尔曾如此表述思想之于人类的重要。理论直接表现思想的状况，理论水平是思维能力的标识。中国共产党的先进性首先表现为理论的先进性。我们党的理论自觉和自信，贯穿中国革命、建设和改革的各个发展阶段，充分发挥了支撑中国社会发展、激励人民斗志、推进事业前进的重大作用。

（一）在坚定的马克思主义理论自信中赢得革命战争的伟大胜利

近代以来，实现中华民族伟大复兴是中国许多仁人志士的奋斗理想。他们中许多人为中国的崛起而不懈努力、苦苦求索救国救民的道路，然而效果并不理想。1899年2月，上海广学会出版的122号《万国公报》上第一次出现了两个对中国人来说还很陌生的名字：马克思和恩格斯。一篇由传教士李提摩太翻译、中国教士蔡尔康撰写的《大同学》说道："其以百工领袖著名者，英人马克思也。"而后，朱执信、陈望道、马君武、刘师培、江亢虎等人也撰文译述过马克思的学说。一批介绍马克思社会主义学说的日文著作相继被译成中文，在上海出版。这是马克思主义最早在中国开始传播的重要表现。虽然马克思主义很早就在中国开始传播，但中国先进分子真正确立起对马克思主义理论的信心却是在20世纪初期特别是十月革命以后。当时，围绕马克思主义基本问题有三次大的理论论战：一次是问题与主义之争，一次是关于社会主义的论战，一次是针对无政府主义的论战。正如马克思所说，最好把真理比作燧石——它受到的敲打越厉害，发射出的光辉就越灿烂。在三次论战中，马克思主义者更加明确了社会主义不是所谓抽象名词，而是能和实际问题结合起来解决中国问题的理论，改良主义在中国走不通，中国只能走社会主义道路。理论上的论战促进了中国先进知识分子的觉醒，从而坚定了他们对所坚持真理的自信。与此同时，"十月革命帮助了全世界的也帮助了中国的先进分子，用无产阶级的宇宙观作为观察国家命运的工具，重新考虑自己的问题"①。

对一个政党而言，理论自信的重要表现就是能够保持理论上的清醒，结合本国实际和时代特征推进理论的民族化。作为近代西方资本主义社会发展的产物，马克思主义具有普遍的真理性和价值感召力，但具体到每个国家如何实现向社会主义、共产主义的转变，如何建立社会主义制度，如何建设社会主义这些问题，马克思主义并不可能提供现成的答案。以毛泽东为代表的一部分中国共产党人，在开辟农村革命根据地的过程中，开始自觉地认识到要结合中国的情况灵活运用马克思主义的必要性。正是本着这样的一种理论清醒，毛泽东明确地提出了马克思主义中国化的历史任务。1938年秋，他在党的六届六中全会上明确提出中国共产党人要学会把马克思列宁主义的理论应用于中国的具体环境。他指出："共产党员是国际主义的马克思主义者，但是马克思主义必须和我国的具体特点相结合并通过一定的民族形式才能实现。""使马克思主义在中国具体化，使之在其每一表现中带着必须有的中国的特性，即是说，按照中国的特点去应用它，成为全党亟待了解并亟须解决的问题。"②马

---

① 《毛泽东选集》第4卷，人民出版社，1991年，第1471页。
② 《毛泽东选集》第2卷，人民出版社，1991年，第534页。

克思主义中国化任务的正式提出,标志着中国共产党在理论指导上开始进入理性、成熟、自信的阶段。我们党强调马克思主义理论与中国实际相结合,关键在于运用马克思主义指导中国革命实践时要不断实现理论创新,把中国丰富的革命实践经验上升为马克思主义理论。从1937年到1949年,毛泽东撰写了大量论著,系统地回答了中国革命提出的一系列重大理论与实践问题。例如,《中国共产党在抗日战争时期的任务》提出和回答了民族矛盾和国内矛盾在目前的关系问题,奠定了统一战线的理论基础;《矛盾论》《实践论》提出和回答了中国革命中的理论与实践、普遍与特殊的关系问题,奠定了思想路线的哲学基础;《中国革命和中国共产党》提出了"新民主主义革命"这一命题,科学地阐释了中国革命的对象、任务、动力、性质、前途,以及"中国革命的两种任务和中国共产党"等一系列基本问题……这些重要著作初步回答了新民主主义政治、经济、军事、文化等一系列基本问题,创立了毛泽东思想,实现了马克思主义中国化的第一次历史性飞跃。

中国共产党对马克思主义的理论自信,是同党的理论武装工作紧密联系在一起的,是与理论应答和解决中国社会危机和挑战密切联系在一起的。中国共产党成立之后,开始积极领导中国革命各条战线的斗争。革命的理论工作也始终贯穿于这些斗争之中,并成为推动斗争胜利的巨大力量。在工农运动中,我们党积极宣传马克思主义,提高工人的阶级觉悟和理论自觉,激发工人斗志,给工人运动指明方向。在军事实践中,我们党围绕着军队成立、改造和建设进行马克思主义理论武装教育,使广大指战员通过理论学习进一步坚定党对军队的绝对领导,明白为人民打仗、为人民扛枪的道理,提高军政素质,增强战斗力。在党自身的建设中,理论工作围绕着不同时期党的中心任务和大局展开,广大党员干部在理论学习和武装中坚定中国革命的正确方向、坚定共产主义和社会主义的信念,肃清主观主义、宗派主义、教条主义的影响,更加坚定对马克思主义的信心和信仰。毛泽东曾指出,我们说马克思主义是对的,决不是因为马克思这个人是什么"先哲",而是因为他的理论,在我们的实践中,在我们的斗争中,证明了是对的。无论是国内革命战争时期,还是抗日战争和解放战争时期,革命的理论工作使党员干部和普通战士提升了马克思主义理论素养,严酷的斗争实践不断检验着理论的真理性、科学性,在革命理论工作与实践斗争的双重互动中,我们党进一步坚定理论自信,理论上的自信又成为革命取得成功的重要因素。

(二)新中国成立后,在坚定的理论自信中为中国特色社会主义崭新事业的开创奠定基础

新中国成立以后,能否继续在科学理论的指导下开辟社会主义的崭新道路,是关系中国社会主义事业能否取得成功的关键所在。从 1949 年到党的十一届三中全会召开的 29 年间,正是中国共产党人探寻建设具有中国特色社会主义道路的开创阶段。这一阶段,党面临的一个重要课题就是:在一个没有经过资本主义充分发展的经济上十分落后的国家如何更好地建设社会主义。这没有先例可循,也没有现成的理论可供借鉴。我们党只有保持理论上的自觉自信,才能更好地解决和回答这个重大课题。

以坚定的理论自信完成社会主义改造。1949 年中华人民共和国的成立,标志着新民主主义革命阶段的基本结束和社会主义革命阶段的开始,即进入由新民主主义到社会主义的过渡时期。这个时候,为在中国建设社会主义而努力奋斗是重要的目标要求。新中国成立前夕,毛泽东在中共七届二中全会上的报告中明确指出,应当"在革命胜利以后,迅速地恢复和发展生产,对付国外的帝国主义,使中国稳步地由农业国转变为工业国,把中国建设成一个伟大的社

会主义国家"①。由于当时受到美国等西方资本主义国家经济上、外交上和军事上的严密封锁和遏制，中国必须保持独立、自信，最终选择社会主义道路进行工业化。我们党根据当时的具体情况提出了过渡时期总路线，开始进行有计划的社会主义建设和有系统的社会主义改造。苏联社会主义工业化道路的成功为我们提供了重要参考和借鉴，使我们选择了有中国特点的向社会主义过渡的道路：社会主义工业化与社会主义改造同时并举，发展农业合作化，实施对资本主义工商业赎买的政策，经过国家资本主义走向社会主义，等等。社会主义改造的成功，一方面是我们坚定社会主义方向的信心在具体实际工作中的体现，一方面又为我们建设中国特色的社会主义奠定了基础。

在社会主义建设的曲折探索中继续保持理论自信。社会主义基本制度在1956年的全面确立，标志着中国进入全面建设社会主义的历史阶段。这时候，中国已经是一个社会主义国家，但又是一个经济文化落后、人口众多、幅员辽阔、发展极不平衡的国家。怎样建设社会主义、怎样巩固和发展社会主义，并没有现成理论和道路可循，必须在实践中进行艰苦的探索。刚开始，因为没有经验，在经济建设上我们只能学习甚至照搬苏联的做法。毛泽东曾指出，这在当时是完全必要的，同时又是一个缺点，缺乏创造性，缺乏独立自主的能力。这当然不应当是长久之计。1956年2月召开的苏共二十大，进一步暴露了苏联在社会主义建设中存在的缺点和错误。在这种情况下，中国共产党人决心走自己的路，开始探索适合中国情况的社会主义建设道路。针对苏联模式暴露出来的问题，毛泽东在1956年4月进一步指出，最重要的教训是独立自主，调查研究，摸清本国国情，把马克思列宁主义的基本原理同我国革命和建设的具体实际结合起来，制定我们的路线、方针、政策。现在是社会主义革命和建

---

① 《毛泽东选集》第4卷，人民出版社，1991年，第1437页。

设时期,我们要进行第二次结合,找出在中国进行社会主义革命和建设的正确道路。提出实现马克思主义同中国实际的"第二次结合",这充分表明了我们党在社会主义建设方面的理论自觉和清醒。《论十大关系》的发表,是以毛泽东为代表的中国共产党人对中国社会主义建设道路进行独立探索而取得的积极成果,是理论自信的重要体现。后来,毛泽东回顾说,前八年照抄外国的经验,但从1956年提出十大关系起,开始找到自己的一条适合中国的路线。尽管20世纪50年代后期开始的"左"倾错误后来发展成为"以阶级斗争为纲"的指导思想,造成了"文化大革命"的严重错误,但是党在社会主义建设中仍然取得了独创性理论成果和巨大成就。比如,独立的、比较完整的工业体系和国民经济体系的基本建立,人民生活水平的提高与文化、医疗、科技事业的发展,国际地位的提高与国际环境的改善,以及探索所形成的社会主义建设的若干重要准则。这些为新的历史时期开创中国特色社会主义提供了宝贵经验、理论准备、物质基础,更是凝结了我们党的理论自觉与自信。

(三)改革开放新时期,在坚定的理论自信中开辟中国特色社会主义发展新境界

"文化大革命"结束后,经过两年的徘徊,以党的十一届三中全会为标志,我国社会主义建设事业进入一个崭新的历史时期——改革开放时期。崭新的社会主义实践为马克思主义理论创造提供了丰富的沃土,也对理论创造提出了新的要求。

真理标准问题的讨论发出了新时期马克思主义理论自信的先声,为拨乱反正和改革开放的顺利进行提供了思想理论引导。粉碎"江青反革命集团"后,"文化大革命"虽然结束了,但是新形势下的思想解放仍然面临着不少障碍。1978年5月,中央党校《理论动态》发表了《实践是检验真理的唯一标准》的文章。文章指出,检验

真理的唯一标准只能是社会实践,任何理论都要不断地接受实践的检验。这篇文章在一定程度上掀起了一场全国范围内的思想解放运动。这场思想解放运动犹如一场"头脑风暴",为我们冲破"左"的错误的严重束缚,彻底否定"两个凡是"的错误方针,重新确立起党的理论自信起了重要作用。党的十一届三中全会,高度评价了真理标准问题的讨论,确定了"解放思想,开动脑筋,实事求是,团结一致向前看"的指导方针,作出了把工作重点转移到社会主义现代化建设上来的战略决策等。这次划时代意义的会议,也是我们党新时期理论自信的一个重要标志。党的十一届六中全会讨论通过的《关于建国以来党的若干重大历史问题的决议》对一些重大历史问题尤其是对毛泽东思想的科学定位,为新时期马克思主义理论创造指明了方向,从而表明我们党实事求是地对待自身的理论发展,体现了一种中国特色社会主义的理论自信。

改革开放在理论自信中全面展开。邓小平在党的十二大响亮地提出,把马克思主义的普遍真理同我国的具体实践结合起来,走自己的道路,建设有中国特色的社会主义。这一时期,我们党着重研究"什么是社会主义、怎样建设社会主义"的基本问题。在农村推行联产承包责任制,我们党从生产力、生产关系的角度认清联产承包责任制的历史必然性,认为"包产到户是依存于社会主义经济,不会偏离社会主义轨道"。在城市经济改革中,1984年10月党的十二届三中全会通过的《中共中央关于经济体制改革的决定》指出,社会主义经济是公有制基础上的有计划的商品经济,商品经济的充分发展是社会经济发展不可逾越的阶段,是实现我国经济现代化的必要条件,使人们重新认识到商品经济同社会主义制度能够有机结合的关系,坚定了社会主义商品经济建设的信心。同时,在加强社会主义精神文明建设中,确立社会主义建设总体布局中社会主义精神的战略地位,为社会主义建设提供重要参考。社会主义现代化建设宏伟纲领的确定、社会主义初级阶段理论的提出、党的基本路线的进一步明确、"三步走"发展战略的制定和实施、多层次对外开放格局的形成、政治体制改革基本思路的提出……这些都是我们党在社会主义建设道路上迈出自信步伐的集中体现。

二、坚持真理、修正错误的政治品格

理论上的坚定和自信并不是唾手可得的,是经过实践中不断总结成功经验甚至一次次吸取失败教训而一步一步锤炼出来的。对于一个政党来说,犯错误是难以避免的规律性现象。敢于坚持真理、修正错误,是我们党能够保持先进性的一条重要经验,也是自信清醒的重要表现。中国共产党是马克思主义的政党,是一个迄今有着90多年历史、8900多万党员、440多万个基层党组织、在13亿多人口的大国执政了60多年的世界第一大政党。回想当年,党在成立之初,只有50多名党员,一大召开时只有13名代表,党在秘密状态下,在没有一则新闻报道的情况中诞生了。没有敢于纠正错误、坚持自我革命的政治品格,党的各项事业也很难从胜利走向另一个胜利,中国特色社会主义事业将无法开辟;没有这样的政治品格,中国特色社会主义理论自信也很难巩固。

(一)在革命战争中及时修正错误,坚定理论自信

正如毛泽东所指出的,任何政党,任何个人,错误是难免的。作为马克思主义政党,其先进性不在于从不犯错误,而在于能够努力避免犯错误或少犯错误,即使犯了错误也有能力纠正,并及时正确地总结经验教训,避免今后重犯类似的错误。在革命战争年代,我们党之所以能够打败各种反对力量,赢得人们的信赖和支持,其中一个很重要的原因是,我们始终采取彻底的唯物主义态度,公开揭

露错误,分析错误产生的原因,总结教训,勇于、敢于改正错误,把错误的经验教训总结、提炼、上升到理性认识的层面,从而获得更加理性、坚定的理论自信。回顾革命战争时期我们党的奋斗历程,我们可以更加清楚地感受到这个结论。在大革命失败的危急关头,为了审查和纠正大革命后期的严重错误,党召开了"八七"会议,批判并纠正了陈独秀的右倾机会主义错误。这使党和中国革命在挫折中奋起,在战胜困难中前进。"八七"会议《告全党党员书》曾宣告:我们党公开承认并纠正错误,不含混不隐瞒,这并不是示弱,而正是证明中国共产主义运动的力量。这次会议使我们党实现了从北伐战争的失败到土地革命兴起的伟大历史性转变。土地革命兴起以后,革命的进程也并非平坦的大道。由于当时党的领导权掌握在一些不懂得中国国情却得到共产国际信任的领导人手里,革命失败的概率大大增加,第五次反"围剿"的失利,导致红军被迫长征。在中国革命又一次处于生死存亡的时刻,党召开了遵义会议,解决了当时具有决定意义的军事和组织的领导权问题。结束了"左"倾教条主义在党中央的统治,在事实上确立了毛泽东同志在中央和红军的领导地位,使党获得了新的生命。"八七"会议也好,遵义会议也罢,之所以能够力挽狂澜,成为我们党纠正错误、承认错误的契机,其中很重要的一个原因就是,我们党在关键时刻能够坚持理论上的清醒和自觉,采取实事求是的思想方法,结合中国国情和革命实际解决中国的问题。在敌后抗日战争处于最困难的时期,我们党在延安运用整风的形式,从思想方法和理论高度对过去党内历次"左"倾和右倾错误的根源进行总结。在延安整风运动中,毛泽东曾强调指出,我党必须实行公开的自我批评,不怕家丑外扬,隐瞒是不能教育党员的。

真正的马克思主义者不怕犯错,因为马克思主义的理论自信告诉我们,用批判的、反思的精神品质认识世界、认识自己,改造世界、改造自己是马克思主义者和无产阶级政党获取发展的必备品质。一次次错误的纠正和治理，使我们党在思想上政治上不断得到历练，从而行动上保持一致，为同心同德战胜艰难险阻，夺取革命战争的最后胜利，奠定了牢固的思想基础。

（二）在社会主义建设探索时期及时修正错误，坚定理论自信

建立新中国以后，我们党领导全国各族人民进行社会主义革命和社会主义建设，取得了伟大成就，极大地改变了中国的面貌。但是，由于理论准备和经验不足，我们党发生了一系列重大失误，包括1957 年的反右派斗争扩大化错误、"大跃进"运动、人民公社化运动、1959 年庐山会议对所谓"彭德怀反党集团"的批判和斗争的错误、1962 年的"反右倾"错误、社会主义教育运动中的阶级斗争扩大化错误，特别是"文化大革命"的十年动乱。这些错误，有的是局部性的，有的甚至是全局性的错误。在"文化大革命"结束之后，中国面临向何处去的重大历史关头。这时候特别需要理论上的清醒、自觉和自信。我们党召开了十一届三中全会，进行全局性的拨乱反正，纠正了"文化大革命"及其以前的"左"倾错误，党的路线重新回到马克思主义的正确轨道上来，党和国家的工作实现了伟大的历史转折。1981 年 6 月，十一届六中全会通过的《关于建国以来党的若干历史问题的决议》则运用辩证唯物主义和历史唯物主义的基本原理，对新中国成立以来党的一系列重大历史事件特别是"文化大革命"作了科学总结，正确分析了这些历史事件中，党的指导思想的正确与错误，以及产生这些错误的主观因素和社会历史原因，实事求是地评价毛泽东的功过得失，澄清和驳斥了关于毛泽东思想的种种混乱认识。《决议》是我们党实事求是理论品格和实践品格的集中体现，体现了我们党能够全面正确分析和认识新中国成立以来走过

的历史道路，从根本上纠正新中国成立后党内"左"的和右的错误倾向。这也为我们开辟改革开放新时期新道路，开创建设中国特色社会主义新局面提供了坚强有力的思想保证，表达了我们中国共产党人面对真理、修正自身错误的理论自信和勇气。

马克思主义政党是一种新型的政党，它是作为资产阶级政党的对立面而出现的。工人阶级是大公无私的阶级，它最富有革命的组织纪律性，是先进生产力和生产关系的代表，它的阶级利益符合人类的共同利益，它的奋斗目标符合人类社会的发展趋势和方向。共产党是工人阶级政党，它以解放全人类为己任，以建立社会主义、最终实现共产主义为奋斗目标。马克思、恩格斯在《共产党宣言》中指出："共产党人为工人阶级的最近的目的和利益而斗争，但是他们在当前的运动中同时代表运动的未来。"之所以如此，是因为工人阶级政党肩负着重大的历史使命，它不同于其他任何政党，它是工人阶级的代表，以先进阶级作阶级基础；它代表最广大人民群众的根本利益，以广大人民作群众基础；它以马克思主义为指导，以人类社会迄今为止最为先进正确的世界观方法论为行动指南；它实行民主集中制，以被实践证明便捷、高效、管用、科学的制度作领导制度和组织制度；它求真务实，以理论联系实际、积极开展党内思想斗争、密切联系群众为优良作风。我们党正是具有这样的思想优势、政治优势、组织优势、作风优势、制度优势，才从本质上决定了党虽屡遭挫折，屡出失误，但又能够力挽狂澜，化险为夷，转危为安，走向胜利，具有极强纠错能力和修复能力。

（三）在中国特色社会主义建设中勇于自我革命，坚定理论自信

改革开放是一场伟大的试验，建立社会主义市场经济是一项前无古人的伟大事业，在认识和实践中不可能没有缺点和错误。对

此,我们党有着清醒的认识。20世纪80年代末,资产阶级自由化思潮滋长蔓延,改革开放中积累的矛盾和问题突出,邓小平曾多次指出,我们最大的失误是教育方面,思想政治工作薄弱了,对腐败现象警惕不足,纠正失误的措施不力,出现了物质文明和精神文明建设"一手比较硬,一手比较软"的情况。后来,我们党深刻总结经验教训,把社会主义精神文明建设提高到更加突出的地位。"三个代表"重要思想、科学发展观等都从不同方面强调、总结并纠正了我们改革开放过程中认识和实践不够到位的地方。

党的十八大以来,以习近平同志为核心的党中央提出全面从严治党,以刀刃向内的勇气向党内顽瘴痼疾开刀,党风政风民风为之一变,党心军心民心为之一振,党和国家的各项事业取得新成就、开创新局面。在这背后体现的是我们党自我革命的决心和意志,展现的是我们党永不自满、永不懈怠的品格,弘扬的是我们党不断自我净化、自我完善、自我革新、自我提高的精神。在庆祝中国共产党成立95周年大会上,习近平总书记两次提及"自我革命"的重要论述:一次强调"要以勇于自我革命的气魄、坚忍不拔的毅力推进改革";一次强调"全党要以自我革命的政治勇气,着力解决党自身存在的突出问题"。在一次中央政治局民主生活会上,他强调:"中央政治局要在开展批评和自我批评方面为全党作表率,做勇于自我革命的战士。"在省部级主要领导干部学习贯彻十八届六中全会精神专题研讨班开班式上,习近平总书记深入系统地阐释了我们党以人民利益为中心的自我革命精神,再次强调:"勇于自我革命,是我们党最鲜明的品格,也是我们党最大的优势。……要兴党强党,就必须以勇于自我革命精神打造和锤炼自己。"正如毛泽东所说,错误和挫折教训了我们,使我们比较的聪明起来了,我们的事情就办得好一些。他还说:"房子是应该经常打扫的,不打扫就会积满了灰尘;脸是应该经常洗的,不洗也就会灰尘满面。我们同志的思想,我们党的工作,也会沾染灰尘的,也应该打扫和洗涤。"在自我革命、自我纠正中,我们党的事业和自身建设每一次都得到大大前进。

三、富于理论创新精神

创新是一个民族进步的灵魂。在影响民族进步的各种因素中,创新是决定性的因素,起着核心的作用,创新是使一个民族保持旺盛生命力的源泉。"创新是引领发展的第一动力",我们党是富有创新精神的马克思主义政党,理论创新精神是我们党保持中国特色社会主义理论自信的重要方面。我们党是政治上成熟的马克思主义政党,也是理论上成熟的马克思主义政党。我们党的重要政治优势,是始终坚持马克思主义不动摇,始终坚持推进马克思主义中国化、时代化、大众化不动摇。伴随着中国革命、建设、改革的不断推进,马克思主义中国化实现了两次历史性飞跃,产生了两大理论成果,这就是毛泽东思想与包括邓小平理论、"三个代表"重要思想、科学发展观、习近平新时代中国特色社会主义思想在内的中国特色社会主义理论体系。实践发展永无止境,理论创新永无止境。坚持和发展中国特色社会主义,是当代中国一以贯之的政治主题和理论主题。党的十八大以来,习近平同志紧紧围绕"新时代坚持和发展什么样的中国特色社会主义、怎样坚持和发展中国特色社会主义"这个主题进行了一系列新阐述,创立了习近平新时代中国特色社会主义思想。正是在不断地理论创新中,中国特色社会主义理论自信不断加强、巩固。

(一)围绕"什么是社会主义、怎样建设社会主义"开展理论创造

虽然早在1917年俄国的十月革命取得胜利以后,社会主义就已

经由理论发展为实践,在第二次世界大战后社会主义在欧亚一系列国家取得胜利以后,社会主义更由一国实践发展成多国实践,但在这几十年里社会主义国家所经历的曲折发展、所遭遇的种种危机和挫折,特别是东欧剧变、苏联解体,却说明人们对到底什么是社会主义、怎样建设社会主义的问题,并没有完全搞清楚。我们在建立新中国以后,开始时照搬苏联模式建设社会主义,遇到不少问题。1957年开始,又在一些基本问题上犯了"左"的错误,使我国经济处于缓慢发展和停滞状态,以后又发生了"文化大革命"。正如邓小平所指出的:"总起来看,这主要就是不完全懂社会主义。因此,我们提出的课题是:什么是社会主义和怎样建设社会主义?这个问题不光我们有,苏联也在研究这个问题,他们也没有解决这个问题。"①从1978年党的十一届三中全会开始,我们党就在总结历史经验的基础上,不断探索对这个问题的回答和解决。邓小平对解决什么是社会主义问题的探索,就从强调要把坚持社会主义同解放思想结合起来,要自觉地把我们对社会主义的认识从那些不合时宜的观念、做法、体制的束缚中解放出来,从对马克思主义的错误的和教条式理解中解放出来,正本清源地确立解放生产力和发展生产力在坚持社会主义中的首要地位入手。他说:"坚持社会主义的发展方向,就要肯定社会主义的根本任务是发展生产力,逐步摆脱贫穷,使国家富强起来,使人民生活得到改善。"②从总体来看,邓小平理论特别是其所包含的社会主义初级阶段理论、社会主义市场经济论、社会主义本质论和党在社会主义初级阶段的基本路线,比较系统地回答了"什么是社会主义、怎样建设社会主义"的问题。

党的十三届四中全会以后,以江泽民为主要代表的中国共产党人在这个问题上有两个重大发展。一是把实现人的全面发展引进

① 《邓小平年谱(1975—1997)》(下),中央文献出版社,2004年,第1158页。
② 《邓小平文选》第3卷,人民出版社,1993年,第264—265页。

社会主义本质要求的范畴,提出要努力促进人的全面发展,这是马克思主义关于建设社会主义新社会的本质要求。二是认为我们对社会主义本质的认识并没有穷尽真理,彻底的唯物主义者在今后的社会主义建设实践中需要进一步解放思想,深化对社会主义本质的认识。党的十六大以后,以胡锦涛为主要代表的中国共产党人继续深化对这个问题的认识,提出许多重要的思想观点。比如,社会和谐是中国特色社会主义的本质属性,把社会建设纳入中国特色社会主义事业总体布局,等等。坚持和发展中国特色社会主义,是十八大以来以习近平同志为核心的党中央推进理论创新的鲜明主题。把生态文明建设纳入中国特色社会主义事业总体布局,使生态文明建设的战略地位更加明确,有利于把生态文明建设融入经济建设、政治建设、文化建设、社会建设各方面和全过程。提出并形成了全面建成小康社会、全面深化改革、全面依法治国、全面从严治党的战略布局。

(二)围绕"建设什么样的党、怎样建设党"开展理论创造

建设中国特色社会主义,关键在党。在执政党建设方面,我们党在 20 世纪 50 年代中期从实践中进行了积极探索,取得了一些重要的理论成果。后来,由于"左"的错误日益严重,这一探索没有继续下去。改革开放新时期以后,我们党重新启动了这一方面的探索和回答,并随着实践的发展而不断深化。1980 年,邓小平就提出了"执政党应该是一个什么样的党,执政党的党员应该怎样才合格,党怎样才叫善于领导"这个重要命题,并逐渐形成了包括党的思想路线、历史使命、根本任务、党的领导、制度建设、反腐倡廉和党际关系等在内的执政党建设理论。由于党所处的环境和肩负的任务有了新的变化,党在思想、组织、作风建设方面出现了一些突出问题。江泽

民强调,必须下决心解决好党的建设中的迫切问题,全面推进党的建设新的伟大工程,使党经受住各种风险考验,更好地完成新时期党的历史任务。以江泽民同志为核心的第三代中央领导集体创立的"三个代表"重要思想,对在长期执政、对外开放、发展社会主义市场经济条件下加强和改进党的建设提出了一系列新思想、新观点,创造性地回答了新的历史条件下党的建设的根本问题。"三个代表"重要思想突出强调我们党始终代表中国先进生产力的发展要求、代表中国先进文化的前进方向、代表中国最广大人民的根本利益,遵循了人类历史发展进步的普遍规律,顺应了时代发展的潮流和我国社会发展进步的要求,反映了全国各族人民的利益和愿望,抓住了新形势下提高党的执政能力、巩固党的执政地位、完成党的执政使命的根本。"三个代表"重要思想提出了中国共产党是中国工人阶级的先锋队,同时是中国人民和中华民族的先锋队的思想,坚持立党为公、执政为民的思想,坚持把加强党的思想理论建设放在首位、不断推进马克思主义中国化的思想,加强党的执政能力建设、改革和完善党的领导方式和执政方式的思想,坚持民主集中制、以党内民主带动人民民主的思想,大力培养忠诚于马克思主义、坚持走中国特色社会主义道路、会治党治国的政治家的思想,领导干部一定要讲学习、讲政治、讲正气的思想,始终保持党同人民群众的血肉联系、不断增强党的阶级基础和扩大党的群众基础的思想,治国必先治党、治党务必从严的思想,反对腐败是关系党和国家生死存亡的严重政治斗争的思想,等等。这些重大思想,是在新的历史条件下对马克思主义党建理论的重大发展,为把党建设成为用科学理论武装起来、全心全意为人民服务、思想上政治上组织上完全巩固、能够经受住各种风险、始终走在时代前列、领导全国人民建设中国特色社会主义的马克思主义政党,指明了前进方向和现实途径。党的十六大以来,我们党进一步深化和拓展了对新时期执政党建设的认识。这些认识主要体现在：一是形成了以加强党的先进性建设为主线，以加强党的执政能力建设为重点，全面加强党的思想、组织、作风建设的总体思路；二是提出先进性是马克思主义政党的本质属性的重要论断；三是把党风廉政建设放在更加突出的位置，形成了标本兼治、综合治理、惩防并举、注重预防的方针；等等。党的十八大以来，我们党全面加强党的自身建设，不断增强自我净化、自我完善、自我革新、自我提高的能力，带动党的建设不断创新发展。

（三）围绕"实现什么样的发展、怎样发展"不断探索，增强理论自信

发展是当今时代的主题，更是当代中国的主题。我国作为一个社会主义的发展中大国，长期面临着西方国家的巨大政治压力和经济压力，面对着解放和发展社会生产力、增强综合国力、改善人民生活的繁重任务，解决好发展问题尤为紧迫。面对改革开放初期中国在国际上处于落后状态的局面，邓小平强调，必须在总结历史经验和教训的基础上把握中国下一步的发展问题，从世界发展的潮流中抓住中国未来发展的重要时机。他高度关注发展问题，强调"应当把发展问题提到全人类的高度来认识"，提出发展是当今世界的两大主题之一。明确指出，中国解决所有问题的关键是要靠自己的发展，发展才是硬道理；发展对于中国特色社会主义具有决定性意义，要抓住时机，发展自己；要在现代化建设的过程中，争取出现若干个发展速度比较快、效益比较好的阶段；社会主义物质文明和精神文明都搞好，才是中国特色社会主义。在对我国所处发展阶段准确判断的基础上，他科学谋划我国的发展战略，明确提出分"三步走"基本实现现代化的战略步骤。20世纪80年代末90年代初，国际国内局势风云变幻，如何继续推动中国特色社会主义事业沿着正确方向不断前进，是我们党必须深入思考和探索的重大课题。江泽民强

调,我们党在中国这样一个经济文化落后的发展中大国领导人民进行现代化建设,能不能解决好发展问题,直接关系人心向背、事业兴衰。发展是硬道理,这是我们必须始终坚持的一个战略思想。能否不断了解世界,能否不断学习世界上一切先进的东西,能否不断跟上世界发展的潮流,是关系一个国家、一个民族兴衰成败的大问题。离开发展,坚持党的先进性、发挥社会主义制度的优越性和实现民富国强都无从谈起。根据党所处的历史方位,他把发展问题同党的性质、党的执政使命、执政资格联系起来,明确提出发展是我们党执政兴国的第一要务,必须把坚持党的先进性和发挥社会主义制度的优越性落实到发展先进生产力、发展先进文化、实现最广大人民的根本利益上来,推动社会全面进步,促进人的全面发展。人类社会跨入 21 世纪之后,正在经历深刻的变革。我国经过 20 多年的快速发展,经济社会发展保持着良好势头,但发展过程中也出现了一些必须引起高度重视并抓紧解决的突出矛盾和问题。胡锦涛强调:"发展是解决中国所有问题的关键,发展对于全面建设小康社会、加快推进社会主义现代化,对于开创中国特色社会主义事业新局面、实现中华民族伟大复兴具有决定性意义。只有紧紧抓住和搞好发展,才能从根本上把握人民的愿望,把握社会主义现代化建设的本质,把握我们党执政兴国的关键。"党中央紧紧抓住实现什么样的发展、怎样发展这个基本问题,深刻分析和把握当前我国发展的阶段性特征,创造性地提出了科学发展观等重大战略思想。科学发展观提出要坚持以人为本、全面协调可持续发展,提出要统筹城乡发展、区域发展、经济社会发展、人与自然和谐发展、国内发展和对外开放,提出要创新发展理念、转变发展方式、破解发展难题、提高发展质量、实现又好又快发展,提出坚持推动社会主义物质文明、政治文明和精神文明协调发展,提出要正确认识和妥善处理中国特色社会主义事业中的重大关系,努力实现科学发展、和谐发展、和平发展。

党的十八大以来,以习近平同志为核心的党中央准确把握时代脉搏、深刻洞察发展大势,进一步围绕发展问题提出了"创新、协调、绿色、开放、共享"的五大发展理念,深化和拓展了党在发展问题上的认识成果,为新时代中国特色社会主义的发展实践提供了新的思想理念。创新是引领发展的第一动力,协调是持续健康发展的内在要求,绿色是永续发展的必要条件和人民对美好生活追求的重要体现,开放是国家繁荣发展的必由之路,共享是中国特色社会主义的本质要求。五大发展理念是发展思路、发展方向、发展着力点的集中体现,具有高度的战略性、纲领性、引领性,集中反映了我们党对我国发展规律重大认识的深化,极大丰富了马克思主义发展观。五大发展理念之间相互贯通、相互促进,是具有内在联系的集合体,为我们党带领全国人民决胜全面建成小康社会,不断开拓发展新境界,提供了强大思想武器。

(四)围绕"新时代坚持和发展什么样的中国特色社会主义、怎样坚持和发展中国特色社会主义"不断探索,增强理论自信

党的十八大以来,国内外形势变化和我国各项事业发展都给我们提出了一个重大时代课题:必须从理论和实践结合上系统回答新时代坚持和发展什么样的中国特色社会主义、怎样坚持和发展中国特色社会主义。以习近平同志为核心的党中央紧紧围绕这个课题,认真思考需要解答的问题:"包括新时代坚持和发展中国特色社会主义的总目标、总任务、总体布局、战略布局和发展方向、发展方式、发展动力、战略步骤、外部条件、政治保证等基本问题,并且要根据新的实践对经济、政治、法治、科技、文化、教育、民生、民族、宗教、社会、生态文明、国家安全、国防和军队、'一国两制'和祖国统一、统一战线、外交、党的建设等各方面作出理论分析和政策指导,以利于更

好坚持和发展中国特色社会主义",进行艰辛理论探索,取得重大理论创新成果,创立了习近平新时代中国特色社会主义思想。习近平新时代中国特色社会主义思想,明确坚持和发展中国特色社会主义,总任务是实现社会主义现代化和中华民族伟大复兴,在全面建成小康社会的基础上,分两步走在21世纪中叶建成富强民主文明和谐美丽的社会主义现代化强国;明确新时代我国社会主要矛盾是人民日益增长的美好生活需要和不平衡不充分的发展之间的矛盾,必须坚持以人民为中心的发展思想,不断促进人的全面发展、全体人民共同富裕;明确中国特色社会主义事业总体布局是"五位一体"、战略布局是"四个全面",强调坚定道路自信、理论自信、制度自信、文化自信;明确全面深化改革总目标是完善和发展中国特色社会主义制度、推进国家治理体系和治理能力现代化;明确全面推进依法治国总目标是建设中国特色社会主义法治体系、建设社会主义法治国家;明确党在新时代的强军目标是建设一支听党指挥、能打胜仗、作风优良的人民军队,把人民军队建设成为世界一流军队;明确中国特色大国外交要推动构建新型国际关系,推动构建人类命运共同体;明确中国特色社会主义最本质的特征是中国共产党领导,中国特色社会主义制度的最大优势是中国共产党领导,党是最高政治领导力量,提出新时代党的建设总要求,突出政治建设在党的建设中的重要地位。这一重大理论创新成果,是对马克思列宁主义、毛泽东思想、邓小平理论、"三个代表"重要思想、科学发展观的继承和发展,是马克思主义中国化最新成果,是党和人民实践经验和集体智慧的结晶,是中国特色社会主义理论体系的重要组成部分,是全党全国人民为实现中华民族伟大复兴而奋斗的行动指南,必须长期坚持并不断发展。

理论强则党强,思想富则国富。在我们党的历史上,党的生生不息同党的理论的生生不息、不断创新是内在统一、不可分割的。理论自信正是在这样的理论创新中得到坚定和巩固的。

第二章

为有源头活水来

——中国特色社会主义理论自信的思想渊源

———

理论的科学性是理论魅力的内在根据,是说服人的力量源泉,也是理论自信的前提。党的十八大所提出的理论自信命题之所以成立,从根本上说,在于中国特色社会主义理论体系是建立在科学理论的基础之上,不仅具有科学真理性,也具有价值合理性,是科学真理性和价值合理性的内在统一。这种内在统一不仅体现为中国特色社会主义理论体系是对基于唯物史观和剩余价值论基础之上的科学社会主义思想的继承,也体现为它遵循着毛泽东思想所开启的马克思主义中国化的基本方向,更体现为它包含着中国传统文化的内在基因,闪现着中国传统文化的价值和智慧光芒。

一、马克思主义"老祖宗":坚定中国特色社会主义理论自信的科学基础

理论自信是对中国特色社会主义理论体系真理性、科学性的充

分肯定和正确认识。从中国特色社会主义理论体系形成和发展的基本历程来看，它是中国共产党以马克思主义为行动指南，以马克思主义来指导中国特色社会主义建设的过程中形成的理论体系。马克思和恩格斯在 160 多年前所提出的历史唯物论、剩余价值论和科学社会主义理论，不仅使社会主义从空想走向科学，而且也为之后的社会主义运动提供了基本遵循和理论滋养，中国特色社会主义理论体系也是在其滋养、指导下产生的。它站在马克思主义的立场上，承继了马克思主义的精髓，集中体现了马克思主义的世界观与方法论，对共产党执政规律、社会主义建设规律和人类社会发展规律进行了集中揭示和阐释，展现了强大的逻辑力量与超凡的理论魅力。从这一意义而言，为坚定中国特色社会主义理论自信提供思想滋养的首先是马克思主义。

（一）马克思科学社会主义理论为坚定中国特色社会主义理论自信提供了理论依据

马克思主义是一个包括哲学、政治经济学、科学社会主义在内的严整的科学理论体系。在完整的马克思主义理论体系中，科学社会主义理论居于大厦的核心和顶端。马克思主义科学社会主义理论创立于 19 世纪 40 年代，其主要思想集中在《1844 年经济学哲学手稿》《〈黑格尔法哲学批判〉导言》《论犹太人问题》《政治经济学批判大纲》《神圣家族》《英国工人阶级状况》《德意志意识形态》《共产主义原理》《共产党宣言》《1848 年至 1850 年的法兰西阶级斗争》《资本论》《法兰西内战》《哥达纲领批判》《反杜林论》《社会主义从空想到科学的发展》等著作以及其他一些重要文章和书信中。在这些主要著作、重要文章和书信中，马克思、恩格斯在提出科学社会主义命题的基础上，还阐述了科学社会主义的理论基础、基本原理以及实现条件，对未来社会作出了大胆预测，科学揭示出未来社会主义社会的一般特征。

一是生产力高度发展是未来社会的物质基础。马克思、恩格斯认为未来的社会必须建立在资本主义所不能比拟的高度发达的社会生产力的基础上,如果没有高度发达的社会生产力,"那就只会有贫穷、极端贫困的普遍化;而在极端贫困的情况下,必须重新开始争取必需品的斗争,全部陈腐污浊的东西又要死灰复燃"①。这就是说,高度发达的生产力为未来的社会主义社会的实现提供了根本的物质前提,只有在生产力高度发达且社会普遍发展的基础上,才可能真正消灭异化劳动、消灭贫穷和私有制,真正实现人的自由而全面的发展。

二是未来社会实行生产资料公有制,社会产品实行按劳分配和按需分配。马克思、恩格斯通过对所处资本主义社会的剖析,设想未来社会必须以生产资料的社会占有为前提,生产资料公有制是未来社会主义社会的所有制形式。他们强调无产阶级在消灭资产阶级、取得政权以后,"将利用自己的政治统治,一步一步地夺取资产阶级的全部资本,把一切生产工具集中在国家即组织成为统治阶级的无产阶级手里",这实际上就是无产阶级夺取政权,建立公有制,废除资本主义私有制,实现社会性质的根本转变。同时,他们还分析了公有制条件下,未来社会的社会产品分配问题。他们认为,由于未来社会实行生产资料公有制,那么社会产品必然为全部劳动者所共同占有,而分配方式又受到生产力发展水平的制约。在共产主义的第一阶段,这时生产力虽然有了很大的提高,比资本主义生产力要发达得多,但是还没有达到按需分配的程度,这时劳动者将按照为社会提供劳动量的多少获得不同数量的社会产品,即按劳分配。当进入共产主义的高级阶段,这时社会生产力高度发达,社会产品也极大丰富,这时实行的将不再是按劳分配,而是真正意义上

---

① 《马克思恩格斯文集》第 1 卷,人民出版社,2009 年,第 538 页。

的按需分配。

三是未来社会阶级及其存在的基础将被消灭,国家也将消亡。马克思、恩格斯认为"阶级的存在是由分工引起的"。当无产阶级消灭资本主义进入生产力高度发达的共产主义社会后,社会占有全部生产资料,社会成员真正可以全面地、自由地发挥他们的各方面才能,这时,强制性的分工已经因为没有存在的意义而消失,随之,阶级和阶级压迫也将不复存在。阶级和阶级压迫的消灭将会使整个社会结构根本改变,国家作为阶级不可调和的产物也失去了存在的意义,正如恩格斯所说,"当不再有需要加以镇压的社会阶级的时候,当阶级统治和根源于至今的生产无政府状态的个体生存斗争已被消除,而由此二者产生的冲突和极端行动也随着被消除了的时候,就不再有什么需要镇压了,也就不再需要国家这种特殊的镇压力量了"①。因此,国家不是"被废除"的,而是"自行消亡"的。

四是未来社会是实现人的自由而全面发展的社会。实现人的自由而全面发展既是科学社会主义所追求的目的,也是社会生产力发展、生产关系变革的必然结果。马克思、恩格斯认为在生产力高度发达的共产主义社会,人类将获得彻底的解放,"人终于成为自己的社会结合的主人,从而也就成为自然界的主人,成为自身的主人——自由的人"。

马克思、恩格斯虽然提出了科学社会主义的命题,并对未来的社会主义、共产主义社会尤其是基本特征进行了科学又大胆的预见,并在此基础上提出了未来社会的基本原则,但并没有也不可能拿出建设社会主义社会的具体方案。列宁在成功领导了俄国十月社会主义革命和早期的苏维埃建设的实践中,在继承马克思、恩格斯相关社会主义思想的基础上,对如何建设社会主义尤其是如何在经济文化相对落后的俄国建设社会主义的问题进行了宝贵探索,提出了

---

① 《马克思恩格斯文集》第9卷,人民出版社,2009年,第297页。

一系列新的思想和观点，突破了关于社会主义的一些传统认识和僵化观念。比如新经济政策方面，列宁认为，并不是只有单一的公有制和单一的按劳分配才是社会主义，社会主义不排斥和否定私人利益，社会主义并非与资本主义绝对对立，两者也有相互依存的一面，"恢复资本主义也就是恢复无产阶级，使他们在大机器工厂里生产有利于社会的物质财富"。苏维埃也可以利用资本主义来建设其社会主义，以改变苏俄经济落后的面貌。新经济政策使列宁找到了建设社会主义切实可行的方法和途径，即可以利用商品、货币、市场机制等来发展社会主义经济。这些新思想、新观点在丰富和发展马克思主义的同时，也为中国特色社会主义理论体系提供了重要的思想理论来源。

中国特色社会主义理论体系就是将马克思主义基本原理与当代中国实际相结合而产生的重大理论成果，它是马克思主义基本原理在中国的具体运用和发展。习近平总书记在新进中央委员会的委员、候补委员学习贯彻党的十八大精神研讨班开班式上强调，中国特色社会主义是社会主义而不是其他什么主义，科学社会主义基本原则不能丢，丢了就不是社会主义。这一论述从中国特色社会主义与马克思主义内在关系的角度强调了马克思主义对于中国特色社会主义的根本指导作用。作为对中国特色社会主义建设的经验总结和科学引领，中国特色社会主义理论体系，其丰富和发展，自然也离不开马克思主义这一"老祖宗"，是建立在马克思主义基础之上的。中国特色社会主义的理论自信是对中国特色社会主义理论体系的坚定信念和信心勇气，马克思主义是中国特色社会主义理论体系的思想渊源。中国特色社会主义理论体系坚持了马克思列宁主义关于科学社会主义的重要思想，遵循了科学社会主义基本原则。中国特色社会主义理论自信也是以马克思主义为思想渊源和重要基础的。

（二）马克思主义政治经济学理论为坚定中国特色社会主义理论自信提供了科学依据

科学社会主义思想为中国特色社会主义理论体系的建立和完善提供了理论依据，为我们坚持中国特色社会主义理论自信提供了、奠定了扎实基础。之所以这样说，一方面在于中国特色社会主义理论体系是对马克思科学社会主义思想的遵循；另一方面还在于，马克思科学社会主义的思想和理论，尤其是马克思恩格斯所提出的关于未来社会（即社会主义社会）的基本原则并不是主观臆测，而是根据社会发展规律推论出来的，有着科学的依据。

共产主义理想与其他抽象理想的根本区别，在于它不是空想，而是建立在马克思主义唯物史观和剩余价值学说基础之上的，符合人类历史发展客观规律，具有历史的、客观的必然性。这正如马克思所言："从道义上对资本主义的剥削表示愤怒，由此出发设计新的社会主义制度，无论多么入情入理，我们总不能认为它是科学的、正确的，而只能把它看作是一种象征。"由此可见，马克思恩格斯提出的关于未来社会主义社会的设想建立在对资本主义社会现实存在的矛盾进行科学分析的基础上。他们提出未来社会制度基本原则的根据是："共产主义是从资本主义中产生出来的，它是历史地从资本主义中发展出来的，它是资本主义所产生的那种社会力量发生作用的结果！"对于资本主义生产方式，空想社会主义者虽然知道它是坏东西，猛烈地批判它、咒骂它，却不能说明它坏在哪里，空想社会主义愈是义愤填膺地反对对工人阶级的剥削，就愈不能明白指出这种剥削从哪里产生和怎样产生。马克思主义政治经济学，通过阐述剩余价值的生产过程，剖析了资本主义生产方式的剥削事实，证明了现代资本家也像奴隶主、封建主一样，是靠占有他人无偿劳动而发财致富的。所谓"公道""正义""平等"，完全是虚伪的空话。

马克思对资本主义社会的现实经济活动的分析，集中体现在其以剩余价值论为核心的政治经济理论。剩余价值学说则揭示了资本主义生产的全部秘密。马克思指出，工人与资本家的关系是一种雇佣劳动关系，剩余价值就是由雇佣工人的剩余劳动创造的、被资本家无偿占有的那一部分价值，劳动是价值的创造来源。

剩余价值学说的伟大发现，揭示了资本主义生产方式的剥削秘密。它科学地论证了资本家付给工人的工资，形式上是偿付工人劳动所创造的全部价值，实际上只是工人劳动所创造的价值的一小部分，其余的部分即剩余价值，却被资本家无偿占有了，这使资本家利用占有生产资料剥削工人的秘密暴露无遗。

马克思剩余价值学说所论述的资本对剩余价值的无偿占有，是资本主义独特的剥削形式，是资本主义生产的基本规律。这一基本规律决定了资本主义无法解决自身所固有的矛盾。为了解决这个矛盾，必须用生产资料公有制取代资本家的私有制。生产资料公有制的建立，就有可能实行按劳分配原则，为消灭剥削、消除两极分化、逐步实现共同富裕奠定经济基础。由此可见，资本主义生产方式如同奴隶社会和封建社会的生产方式一样，有它产生、发展的必然性，也有它灭亡的必然性。资本主义社会必然为社会主义社会所代替，人类终将走向共产主义。这是人类历史矛盾运动的必然结果。然而，尽管资产阶级的灭亡和无产阶级的胜利是同样不可避免的，但是建立公有制、"剥夺剥夺者"势必引起资产阶级的殊死反抗，因此，代表先进生产力的无产阶级必须在共产党领导下，推翻资产阶级政权，实行无产阶级专政。所有这一切都必须在无产阶级世界观——马克思主义的指导下才能做到。因此，恩格斯在谈及剩余价值学说时指出："这个问题的解决是马克思著作的划时代的功绩。这个问题的解决使明亮的阳光照进了经济学的各个领域，而在这些领域中，从前社会主义者也曾像资产阶级经济学家一样在深沉的黑暗中摸索。科学社会主义就是以这个问题的解决为起点，并以此为中心的。"①

（三）马克思主义唯物史观奠定了坚定中国特色社会主义理论自信的哲学基础

如果说马克思主义政治经济学揭示了资本主义社会所特有的发展规律的话，那马克思主义唯物史观则揭示了人类历史发展的客观规律。这为基于此而开创和完善的中国特色社会主义理论体系提供了哲学基础。中国特色社会主义理论体系，之所以成为马克思主义发展史上一个独立的发展阶段、一个新的里程碑，是因为它从创立到逐步发展完善，始终如一地以马克思主义的唯物史观作为它的哲学基础，体现了马克思主义的世界观和方法论。

1883 年 3 月 14 日，恩格斯在马克思墓前发表的讲话曾深刻指出："唯物史观和剩余价值学说是马克思一生中的两个伟大发现。正是这两个伟大发现，使社会主义从空想变成了科学。"马克思主义诞生前，唯心史观在社会历史领域占统治地位。那时，许多学者对社会历史问题进行过多方面的探索。18 世纪的意大利思想家、历史哲学家维科，19 世纪法国复辟时代的历史学家基佐、梯也里、米涅，19 世纪初的空想社会主义者圣西门、傅立叶和德国古典哲学家黑格尔等，都力图揭开社会历史发展的秘密。但时代和阶级的局限，决定了他们无法完成这个历史性任务。唯物史观从社会生活的各个领域中划分出经济领域，从社会关系中划分出生产关系，并把它作为受生产力制约的社会一切关系中的最基本的关系，从而使人们在认识人类社会的发展，解释社会变迁和政治变革的终极原因时，摆脱了空想社会主义的唯心史观窠臼，掌握了科学的世界观、方法论，找到了科学的路径。

---

① 《马克思恩格斯文集》第 9 卷，人民出版社，2009 年，第 212 页。

马克思、恩格斯在合著的《德意志意识形态》中第一次系统论述了唯物史观。马克思、恩格斯认为，生产方式是社会历史的前提，现实的个人是历史的、具体的人，不同的生产方式决定了不同的生活方式和不同的个人；是社会存在决定社会意识，而不是相反，不同时代的物质实践条件决定了不同的思想观念；物质生产在人类历史发展中起着决定性的作用，生产力与生产关系的矛盾是社会基本矛盾的最主要方面，人们所达到的生产力的总和决定着社会状况；生产关系一定要适应生产力状况，政治上层建筑和思想上层建筑一定要适应社会经济基础；等等。在他们看来，社会的物质生产力发展到一定阶段，便同它们一直在其中运动的现存生产关系或财产关系（这只是生产关系的法律用语）发生矛盾。于是，这些关系便由生产力的发展形式变成生产力的桎梏。那时社会革命的时代就到来了。随着经济基础的变更，全部庞大的上层建筑也或慢或快地发生变革。

马克思、恩格斯批判地继承了以往历史哲学发展的全部积极成果，终于使"过去在历史观和政治观方面占支配地位的那种混乱和随意性，被一种极其完整严密的科学理论所代替"[①]。这种科学理论提出了社会存在决定社会意识这个最基本的观点，并在这一基本观点的基础上，阐述了生产力和生产关系的矛盾作用是社会发展的根本动力，生产方式的变革是社会发展的决定力量，终于揭开了人类社会如何从一种社会生活结构中发展出另一种更高级结构的"历史之谜"。从这一意义看，中国特色社会主义理论体系，传承了社会主义的科学思想真谛，汲取了其他社会主义国家兴衰成败的经验教训，凝结着 500 年来人类对社会主义的孜孜追寻和执着探求。离开这种传承汲取和凝结，中国特色社会主义理论自信也将是无根的浮萍，它们也为这份理论自信提供重要思想资源。

---

① 《列宁专题文集·论马克思主义》，人民出版社，2009 年，第 68 页。

二、一脉相承：中国特色社会主义理论自信建立在对毛泽东思想的直接传承之上

马克思在青年时期就指出，正确的理论必须结合具体情况并根据现有条件加以阐明和发挥。而中国特色社会主义道路之所以完全正确、之所以能够引领中国发展进步，关键在于我们既坚持了科学社会主义的基本原则，又根据我国实际和时代特征赋予其鲜明的中国特色。中国特色社会主义的理论自信源于马克思主义普遍真理，同时中国共产党将马克思主义基本原理创造性运用于中国实践对于保持中国特色社会主义科学性和坚定中国特色社会主义理论自信带来了独特价值。在这方面，毛泽东思想不仅提出了马克思主义中国化的历史命题，开启了马克思主义中国化的先河，而且按照实事求是、群众路线、独立自主的原则，对中国的社会主义建设进行了大量探索。从这一意义上来说，毛泽东思想不仅是中国特色社会主义理论体系沿着马克思主义中国化这一正确方向发展的重要保证，而且也为创立和完善中国特色社会主义理论体系提供了思想先导，是中国特色社会主义理论体系的直接思想源泉，也为我们在新的历史条件下坚定中国特色社会主义理论自信提供了思想滋养。对此，邓小平曾强调指出："从许多方面来说，现在我们还是把毛泽东同志已经提出、但是没有做的事情做起来，把他反对错了的改正过来，把他没有做好的事情做好。今后相当长的时期，还是做这件事。当然，我们也有发展，而且还要继续发展。"[1]

---

① 《邓小平文选》第 2 卷，人民出版社，1994 年，第 300 页。

（一）毛泽东思想开启了马克思主义中国化的先河，为中国特色社会主义理论自信的确立指明了方向

马克思列宁主义作为科学真理，虽然具有普遍的指导意义，但在指导实践的过程中，只有同各国具体实际相结合，才能不断取得胜利，从而也不断推动自身的成熟和完善。这正如恩格斯曾明确指出的，马克思的整个世界观不是教义，而是方法。它提供的不是现成的教条，而是进一步研究的出发点和供这种研究使用的方法。同样，在中国，马克思主义要想发挥指导作用，也必须同中国的具体实际相结合，实现马克思主义的中国化，形成符合中国国情的中国化马克思主义理论。这是中国共产党人在深刻把握马克思主义理论品质、清醒认识中国国情的基础上得出的科学结论。马克思主义中国化既是中国共产党的实践长河，也是中国共产党的理论长河。从马克思主义中国化的理论长河来看，毛泽东思想是这个理论长河的源头。

从马克思主义中国化的历史进程来看，早在党的创立和大革命时期，在如何对待马克思主义的问题上，党的一些领导人就已初步认识到马克思主义理论必须同中国国情结合，按照中国具体情况去运用。李大钊、陈独秀、张太雷、恽代英、蔡和森、瞿秋白等在建党初期对此有过多种论述。但是我党早期的领导人都没有明确提出"马克思主义中国化"这一命题。最早提出"马克思主义中国化"这一命题的是毛泽东同志。在1938年10月召开的党的六届六中全会上，毛泽东指出："离开中国特点来谈马克思主义，只是抽象的空洞的马克思主义。因此，使马克思主义在中国具体化，使之在其每一表现中带着必须有的中国的特性，即是说，按照中国的特点去应用它，成为全党亟待了解并亟须解决的问题。"①此后，在党的七大上，刘少奇

---

① 《毛泽东选集》第2卷，人民出版社，1991年，第534页。

在报告中对"马克思主义中国化"从理论上作了进一步的阐述,并指出:毛泽东思想是"中国化的马克思主义"。

从这一意义上说,毛泽东思想提出了马克思主义中国化的时代命题,开启了马克思主义中国化的先河。不仅如此,毛泽东思想还按照马克思主义中国化的基本逻辑,运用马克思主义深入分析中国革命的特点和规律,在总结和吸取历次革命斗争的经验教训的基础上,从中国的具体国情出发,正确地提出建立农村革命根据地,实行工农武装割据的方针政策,开创了农村包围城市、武装夺取政权的新型革命道路,成功地解决了中国的革命道路问题,创造性地回答了在中国如何革命、如何夺取革命胜利和实现革命转变等走向社会主义的一系列根本问题;实现了马克思主义中国化的第一次飞跃。邓小平在党的十二大开幕词中强调:"把马克思主义的普遍真理同我国的具体实际结合起来,走自己的道路,建设有中国特色的社会主义,这就是我们总结长期历史经验得出的基本结论。"[①]在此基础上,改革开放以后,党按照马克思主义中国化的根本思路,立足不同历史时期中国的客观实际,分别解决了什么是社会主义、怎样建设社会主义,建设什么样的党、怎样建设党,实现什么样的发展、怎样发展等关系我国社会主义现代化建设和发展的基本问题,进一步深化和丰富了对共产党执政规律、社会主义建设规律、人类社会发展规律的认识,实现了马克思主义中国化的第二次飞跃,形成了中国特色社会主义理论体系。

因此,可以说,毛泽东思想不仅提出了马克思主义中国化的时代命题,开启了马克思主义中国化的先河,而且其本身就是创造性地运用和发展马克思主义的光辉典范,是马克思主义中国化的第一个理论成果,为以后中国特色社会主义理论体系作为马克思主义中国化的第二个理论成果的提出、完善和形成、发展指明了根本方向。

---

① 《邓小平文选》第3卷,人民出版社,1993年,第3页。

（二）毛泽东思想的活的灵魂为中国特色社会主义理论自信的确立奠定了根本的立场和方法论基础

毛泽东思想的活的灵魂，是1981年十一届六中全会通过的《关于建国以来党的若干历史问题的决议》首先提出来的。《决议》强调提出，实事求是、群众路线、独立自主是毛泽东同志将辩证唯物主义和历史唯物主义运用于无产阶级政党的全部工作，在中国革命长期艰苦实践中形成的具有中国共产党人特色的立场、观点和方法，贯穿于毛泽东思想各个方面，是毛泽东思想的精髓。

在土地革命时期中，在反对党内"左"倾错误的斗争中，我党逐步提出了实事求是、群众路线和独立自主的思想。到了抗日战争时期，通过对建党以来历史经验的深刻总结和对党内"左"倾错误思想的系统清算，实事求是、群众路线和独立自主形成完备的理论形态，分别被确立为党的根本的思想路线、工作路线和党处理外部事务的重要原则。从此，中国共产党获得了系统的马克思主义世界观和方法论的指导，大大促进了马克思主义中国化的进程。

毛泽东思想的活的灵魂的三个基本方面，是相互贯通、有机统一的。其中，实事求是主要为了解决主观与客观、理论与实际的统一问题，是马克思主义的基本观点，也是中国共产党人认识世界、改造世界的根本要求，是我们党的基本思想方法、工作方法、领导方法。群众路线主要是为了解决领导和群众的关系问题，是我们党的生命线和根本工作路线，是我们党永葆青春活力和战斗力的重要传家宝。独立自主主要是为了解决党际关系和国际关系问题，是我们党从中国实际出发、依靠党和人民力量进行革命、建设、改革的必然结论，是中华民族的优良传统，也是中国共产党、中华人民共和国立党立国的重要原则。三者的有机统一，构成了中国共产党人的科学世界观和方法论的基本框架。中国特色社会主义理论体系正是在这一世界观和方法论的指导下,在改革开放的社会主义伟大实践中逐步形成、发展和完善的。

在新的历史时期,邓小平同志曾经指出,"毛泽东同志倡导的作风,群众路线和实事求是这两条是最根本的东西"①。他就是从恢复确立实事求是的思想路线开始开创中国特色社会主义的。他对中国改革开放的许多重要设计,都是遵循群众路线,尊重人民群众的首创精神,总结人民群众的实践经验而形成的。之后,以江泽民同志为核心的党的第三代中央领导集体、以胡锦涛同志为总书记的党中央和以习近平同志为核心的党中央,在继续推进中国特色社会主义事业和马克思主义中国化的进程中,都始终如一地坚持实事求是、群众路线和独立自主的基本立场、观点和方法,先后提出"三个代表"重要思想、科学发展观与坚持和发展中国特色社会主义的一系列重要论述,丰富和发展了中国特色社会主义理论体系。由此可见,实事求是、群众路线和独立自主,不仅是毛泽东思想活的灵魂和精髓,也成为中国特色社会主义理论体系活的灵魂和精髓。毛泽东思想活的灵魂,为新的历史时期开创、形成和发展中国特色社会主义理论体系奠定了方法论基础,是中国特色社会主义理论体系形成和发展的逻辑前提。没有这个方法论基础,缺少这个逻辑前提,中国特色社会主义理论体系就缺少灵魂支撑,理论自信的确立也少了坚定立场。

(三)毛泽东思想关于社会主义建设规律探索的积极成果是中国特色社会主义理论自信确立起来的思想先导

在毛泽东思想体系中,关于社会主义建设的理论占有极其重要的地位,它是以毛泽东为代表的中国共产党人艰辛探索的积极成

---

① 《邓小平文选》第 2 卷,人民出版社,1994 年,第 45 页。

果,给我们留下了极为宝贵的政治和精神遗产。

新中国成立后,一个历史性的课题摆在中国共产党人面前,这就是在中国这样一个半殖民地半封建社会经过短暂的新民主主义社会而进入社会主义社会的国家,怎样建设社会主义的问题。社会主义改造基本完成以后,以毛泽东为核心的中国共产党人,既学习借鉴过苏联经验,也提出了以苏联的经验与教训为鉴戒,并且独立自主、自力更生积极探索中国自己的社会主义建设道路。在对社会主义道路进行艰难探索的过程中,我党第一代领导集体对中国社会主义建设道路进行了大量思考,提出了许多关于中国社会主义建设的重要观点,涉及经济、政治、文化、国防、外交等各个领域,形成了重大的理论成果。

第一,在中国社会主义发展道路和发展战略上,毛泽东提出了要走一条适合中国国情的工业化道路,并分"两步走""实现四个现代化"的发展战略。早在 1954 年,毛泽东就提出要把我国建设成为伟大的社会主义现代化国家,1964 年,周恩来代表党中央明确提出了分"两步走"、实现四个现代化的发展战略思想,即第一步用 15 年时间,建立一个独立的、比较完整的工业体系和国民经济体系;第二步力争在 20 世纪末基本实现四个现代化,这就为全国人民指明了前进的方向。这些思想后来都成为我们党提出社会主义初级阶段理论和"三步走"发展战略的重要思想源头。毛泽东关于独立地探索一条适合中国国情的工业化道路的思想应当看作是中国特色社会主义建设道路的发端。

第二,在中国社会主义发展阶段上,毛泽东提出了我国还处在不发达的社会主义阶段和分"两步走"、实现四个现代化的发展战略思想。1959 年底到 1960 年初,毛泽东在读苏联《政治经济学(教科书)》的谈话中,提出了社会主义社会可以划分为两个发展阶段的思想。他说:"第一阶段是不发达的社会主义,第二个阶段是比较发达的社会主义。"他还明确指出,我国还处在"不发达的社会主义"阶段,要走过这一"不发达的社会主义"还需要很长的一段时间,他区分了"建立社会主义"和"建成社会主义"的关系,认为"在我们这样的国家,建成社会主义不要讲得过早了"。1962 年,在总结"大跃进"的教训时,他指出:"中国的人口多,底子薄,经济落后,要使生产力很大地发展起来,要赶上和超过世界上最先进的资本主义国家,没有一百多年的时间,我看是不行的。"①他的这些思想反映了他对我国社会主义所处的阶段和社会主义建设的长期性、艰巨性的正确认识,毛泽东的这一思想是邓小平社会主义初级阶段理论的直接思想来源。

第三,在社会主义的主要矛盾和根本任务问题上,毛泽东提出了"在新的生产关系下面保护和发展生产力",以解决人民对经济文化迅速发展的需要同当前经济文化不能满足人民需要这一主要矛盾。党的"八大"政治报告明确指出,社会主义改造基本完成之后,国内主要矛盾不再是工人阶级同资产阶级的矛盾,而是人民对经济文化迅速发展的需要同当前经济文化不能满足人民需要的状况之间的矛盾;党和人民当前的主要任务,就是要集中力量发展社会生产力,把我国尽快地从落后的农业国变为先进的工业国。1957 年,毛泽东在《关于正确处理人民内部矛盾的问题》的讲话中,进一步明确提出了社会主义根本任务的命题,他指出,我们的根本任务已经由解放生产力变为在新的生产关系下面保护和发展生产力,这应该是中国特色社会主义理论关于社会主义根本任务理论的直接思想来源。

第四,在社会主义发展动力问题上,毛泽东提出了社会主义基本矛盾学说。他指出,社会主义的基本矛盾仍然是生产关系和生产力之间的矛盾,上层建筑和经济基础之间的矛盾,这一矛盾推动着中国社会向前发展,如何利用这个矛盾为中国社会主义建设服务成为

---

① 《毛泽东文集》第 8 卷,人民出版社,1999 年,第 302 页。

应该关注的问题。毛泽东认为，上层建筑和经济基础之间的矛盾，可以通过社会主义制度本身的不断完善而得以解决。这就为在坚持社会主义制度的前提下进行社会主义改革提供了理论依据。在这个理论支撑下，以毛泽东为代表的党的第一代领导集体提出了若干社会主义经济体制改革的重要思想，如"消灭了资本主义，又搞资本主义"，充分利用价值规律的思想，"三个主体，三个补充"的设想等等，这些社会主义经济改革的思想都是中国特色社会主义理论体系的萌芽。

由此可见，中国特色社会主义理论体系，也凝结着改革开放前30年我们党实践探索的心血和成果。前30年历经坎坷，出现过这样那样的失误，甚至发生了"文化大革命"这样的严重错误，但顽强、艰辛探索的成果极其宝贵。正是有前30年打下的厚实基础，中国特色社会主义这座大厦才有了稳固的根基；正是因为前30年提供了重要理论准备，中国特色社会主义理论体系才能破茧而出。可以说，毛泽东关于社会主义建设初步探索的思想是中国特色社会主义理论体系的逻辑起点，是中国特色社会主义理论的准备阶段。这些重要思想和理论，不仅为改革开放以来新的历史时期我们党能够全面开创中国特色社会主义事业提供了重要的理论准备、宝贵经验和物质基础。即使对我们今天在新历史条件下继续开创和推进中国特色社会主义事业新局面仍然具有指导意义。在此基础上，我们对中国特色社会主义理论体系的全部自信也更加牢固、坚定。

三、中国特色社会主义理论自信离不开对中国传统文化的积极汲取

中国特色社会主义理论自信，不仅有着马克思主义科学逻辑的坚实基础和马克思主义中国化正确方向的有力引领，而且从更深层

的因素来看,还有厚重的历史根基,深厚的文化积淀和丰富的文化内涵与价值追求,是中国传统文化熏陶和滋养的结果。中国特色社会主义理论体系中所呈现的社会理想、价值追求和精神诉求在很大程度上与中华民族优秀传统文化有相当程度上的契合。中华民族在几千年历史中创造和延续的中华优秀传统文化,不仅是中国特色社会主义理论自信的根与魂,也是中国特色社会主义理论体系的重要文化内涵和思想源泉。相比较而言,中国传统文化对中国特色社会主义理论体系的熏陶和滋养,不仅决定着中国特色社会主义理论体系的深度和厚度,也使中国特色社会主义理论自信有了更深厚的文明根基。

(一)中国优秀传统文化是实现马克思主义中国化的基本形式

将马克思主义普遍真理与中国革命、建设和发展实践相结合,实现马克思主义的中国化,是我们党在长期的革命、建设和发展中所积累的经验总结,同时也为我们在新的实践中不断将党和人民的事业推向前进指明了方向,提出了要求。然而,如何实现在实践中真正实现马克思主义的中国化,形成和完善中国化的马克思主义理论体系,却是一个贯穿于马克思主义中国化历史进程始终的永恒话题。对此,毛泽东早在革命时期曾提出了三条思路:一是要善于运用马克思主义的立场、观点和方法研究中国的问题,包括研究中国发展的历史进程和中国社会的现实运动;二是要总结中国的革命和建设所形成的丰富经验,并且在同外国经验的深刻比较中上升为理论,充实到马克思主义理论体系中去,实现中国革命和建设经验在理论上的马克思主义化;三是要通过中国人民喜闻乐见的中华民族的精神、中华民族的风格、中华民族的语言、中华民族的作风和气派等人民群众喜闻乐见的民族形式来表达马克思主义,在内容上、形式上努力实现马克思主义的中国化。在此基础上，他还着重强调："马克思主义必须和我国的具体特点相结合并通过一定的民族形式才能实现""洋八股必须废止，空洞抽象的调头必须少唱，教条主义必须休息，而代之以新鲜活泼的、为中国老百姓所喜闻乐见的中国作风和中国气派""把国际主义的内容和民族形式分离开来，是一点也不懂国际主义的人们的做法，我们则要把二者紧密地结合起来"。① 由此可见，中国优秀传统文化是马克思主义中国化得以实现的重要基础，马克思主义和中国传统文化相结合，是实现马克思主义中国化目标的重要路径。要成功地将发端于西方文化背景的马克思主义与中国的革命、建设、改革开放的实践相结合，实现"马克思主义中国化"，就必须赋之于一定的民族文化内涵和民族文化形式。唯有如此，马克思主义才能在中国焕发出强大的生命力。

（二）中国特色社会主义理论体系中包含着优秀传统文化的基因，中国特色社会主义理论自信的坚定离不开对这种基因的传承

中国特色社会主义理论体系是中国共产党人自觉地把科学社会主义与中国实际相结合的产物，是马克思主义与本国国情相结合的产物。而中国国情的显著特点之一，就是有着 5000 年悠久历史和文化。因此，在一定程度上可以说，中国共产党人接受和运用马克思主义科学社会主义的方式在很大程度上要受到中华民族优秀思想、文化价值观和思维方式的影响。这正如胡锦涛所言，中华民族在漫长的历史发展中形成的独具特色的文化传统，深深影响了古代中国，也深深影响着当代中国。由此可见，中国特色社会主义理论体系的形成，离不开对中国优秀传统文化的继承和发展。作为中国

---

① 《毛泽东选集》第 2 卷，人民出版社，1991 年，第 534 页。

化的马克思主义,中国特色社会主义理论体系既体现了马克思主义的基本原理,又包含了中华民族的优秀思想和文化传统的基因。

一是和谐思想根源于中国传统文化"天人合一"理念。中华民族历来重视"和"的思想,它贯穿于中国古代思想发展史的各个时代,体现在各家各派的思想理论之中,体现着中华文化的基本价值追求,在维护社会稳定、推动社会发展进步方面起着重要的作用。在中华传统文化中,和谐社会作为一种生存向往、一种文明形态,自古就是中华民族孜孜以求的梦想。中国传统文化中的"和"的思想主要包括四个方面的内容,即重视人自身的和谐,追求个体人格的完善;重视人与人关系的和谐,提倡宽和处世,以和为美;重视国与国关系的和谐,重视睦邻友好,互惠互利;重视人与自然的和谐,主张"天人合一""道法自然",反对对自然界的过分索取。在"万物一体"本体论基础上,和谐被视为世界万物的最高伦理,是处理人天、人际、身心等关系的理想范式。中国古代"和"的思想反映了人民的价值追求和对美好生活的向往,但在阶级社会中,这些思想不可能真正实现。当代中国,和谐社会思想既借鉴、吸收了古代中国"和"思想的精华,同时又将民主、法治、竞争等现代社会诉求融合其中,体现了中国特色社会主义的本质属性。建设社会主义和谐社会,既体现了中华民族以和为贵、和而不同的思想境界,也反映了中国特色社会主义的本质属性。

二是传统的"大同社会"理想是中国特色社会主义建设目标的重要思想来源。关于什么是社会主义这一根本问题,中国特色社会主义理论体系提出通过发展市场经济,建设民主政治,弘扬优秀文化,构建和谐社会,建设一个富强、民主、文明、和谐的大国,并最终达到"消灭剥削,消除两极分化,最终达到共同富裕"的社会形态。其实,这些思想也可以从中国传统文化中找到思想因子。中国传统文化的目标诉求主要体现在浩如烟海的巨著典籍中。比如《礼记》

云："天下为公,选贤与能……老有所终,壮有所用,幼有所长,鳏寡孤独废疾者皆有所养。"《孟子》云："老吾老,以及人之老;幼吾幼,以及人之幼。"中国历次农民起义的口号大多是"均贫富,等贵贱"。

三是以人为本理念是对中国传统文化中"民本"思想的继承和发扬。在中国传统文化中,民本思想源远流长。荀子曾用舟与水的关系来比喻君民关系,指出"君者舟也,庶人者水也。水则载舟,水则覆舟"。他强调为政在于得民心,突出了民众在国家中的政治地位,民众是国家的政治根基,统治者只有得到人民支持,整个国家才可能富强。从孟子的"民为贵,社稷次之,君为轻",屈原的"长太息以掩涕兮,哀民生之多艰",《列子》中"天地万物,唯人为贵"到于谦的"但愿苍生俱饱暖,不辞辛苦出山林",可以说,中国传统文化蕴藏着"民本"思想的宝库。当然,作为君主专制下的政治思想,民本思想的工具理性远远要大于价值理性。但民本思想在缓和阶级矛盾,保持社会的稳定和国家长治久安方面所具有的积极意义为我们在新的历史条件下建设中国特色社会主义提供了思想借鉴。未来共产主义社会便是"人的必然王国到自由王国的飞跃",人的尊严和权利受到保护,并得到全面发展。毛泽东认为,历史是人民创造的。邓小平"三个有利于"中有"有利于提高人民的生活水平"的论述,"三个代表"最根本的是代表中国最广大人民群众的根本利益,胡锦涛有关"以人为本""权为民所用,情为民所系,利为民所谋",我们党确立"以人为本"的执政理念,将人民拥护不拥护、赞成不赞成、高兴不高兴作为衡量一切工作和方针政策的根本尺度,同样是对"民惟邦本,本固邦宁""乐民之乐者,民亦乐其乐;忧民之忧者,民亦忧其忧""天地万物,唯人为贵""夫为国者,以富民为本"等中国传统民本思想的继承和发展。都是对中国传统文化"民本"思想的一脉相承。由此可见,中国特色社会主义理论体系中的"以人为本"思想继承、吸收了中国古代传统的民本思想的精华,更实现了对民本思想从工具理性到价值理性的超越,体现了马克思主义的根本价值观。

此外,中国特色社会主义理论体系对中国传统文化的吸收发展还体现在其他众多方面,比如,作为党的思想路线和中国特色社会主义理论体系的精髓,"实事求是"语出《汉书·河间献王刘德传》,它吸纳了中国传统文化中"致知力行、学以致用、格物致知、即物穷理、贵在力行、循名责实、重效致用、实干兴邦"等思想,并赋予了它崭新的科学内涵和时代特征。又比如中国特色社会主义理论体系要求"古为今用,洋为中用,百花齐放,百家争鸣",吸收人类包括资本主义一切优秀文明成果为我所用,提倡多样化,多种文化共存。这一思想在一定程度上是对中国传统文化中以"泰山不让土壤,故能成其大;河海不择细流,故能就其深""海纳百川,有容乃大"为核心的包容性理念的折射。坚定理论自信,必须传承和发扬这部分基因,才能使理论自信有更持久的魅力和影响力。

(三)中国优秀传统文化为形成和完善中国特色社会主义理论体系、确立和坚定理论自信提供了不竭动力

文化在一个国家的建设进程中,起着提供精神动力和智力支持的作用。正如习近平总书记所指出,一个国家、一个民族的强盛,总是以文化兴盛为支撑的,中华民族伟大复兴需要以中华文化发展繁荣为条件。[①] 根深叶茂的中国优秀传统文化是中国特色社会主义理论体系的重要思想和文化渊源,也是中国特色社会主义理论体系大众化的重要纽带,为中国特色社会主义理论体系的形成和发展奠定了基础。在创立和发展中国特色社会主义理论体系的历史进程中,邓小平善于从中国传统文化中汲取精华,他的讲话和著作言简意

---

① 参见《汇聚起全面深化改革的强大正能量》,《人民日报》2013 年 11 月 28 日第 1 版。

赅、通俗易懂，深受人民喜爱，展现了中国优秀传统文化的朴实和智慧。以江泽民、胡锦涛、习近平为主要代表的当代共产党人不仅深刻把握了马克思主义的精髓和灵魂，而且对中国传统文化的价值和意义也有着独到的见解和认识。中华优秀传统文化已经成为中华民族的基因，植根在中国人内心，潜移默化影响着中国人的思维方式和行为方式。习近平曾指出："不忘历史才能开辟未来，善于继承才能善于创新。优秀传统文化是一个国家、一个民族传承和发展的根本，如果丢掉了，就割断了精神命脉。我们要善于把弘扬优秀传统文化和发展现实文化有机统一起来，紧密结合起来，在继承中发展，在发展中继承。"①中国共产党人作为民族优秀文化传统的继承者，从传统文化中采撷了无数的瑰宝，吸取了丰富的养料，从而使这一理论体系带上了浓厚的民族特色和民族智慧、中国风格和中国气派。正如习近平所指出："在带领中国人民进行革命、建设、改革的长期历史实践中，中国共产党人始终是中国优秀传统文化的忠实继承者和弘扬者，从孔夫子到孙中山，我们都注意汲取其中积极的养分。"②由此可见，邓小平理论、"三个代表"重要思想和科学发展观等重大战略思想，以及习近平总书记系列重要讲话和治国理政新思想新理念新战略都是在坚持马克思主义基本原理的同时，又从中华民族传统文化中汲取营养，并在当代历史条件下将其发扬光大所形成的理论成果。源远流长的传统文化为中国特色社会主义理论体系的形成提供了丰富的思想资源，成为它的一个重要的活水源头。坚定中国特色社会主义理论自信更要用好这份中国独有的思想资源，用好这一源头活水。

---

① 习近平：《在纪念孔子诞辰 2565 周年国际学术研讨会暨国际儒学联合会第五届会员大会开幕会上的讲话》，《人民日报》2014 年 9 月 25 日第 2 版。

② 习近平：《在纪念孔子诞辰 2565 周年国际学术研讨会暨国际儒学联合会第五届会员大会开幕会上的讲话》。

第三章

时代声音的集中体现
——理论自信的时代背景

理论往往是时代的产物。恩格斯曾经指出:"每一个时代的理论思维,包括我们这个时代的理论思维,都是一种历史的产物,它在不同的时代具有完全不同的形式,同时具有完全不同的内容。"①中国特色社会主义理论体系,是在和平与发展成为时代主题的历史条件下,总结我国社会主义建设的历史经验和新鲜经验,汲取其他社会主义国家兴衰成败的历史经验,并借鉴其他国家发展经验教训的基础上,逐步形成和发展起来的。从这一角度看,中国特色社会主义理论体系,不仅是马克思主义为指导形成的科学理论体系,也是马克思主义与中国实际相结合的产物;不仅是将马克思主义应用于中国建设实际所形成的产物,也是马克思主义与当代中国实际相结合的产物。因此,中国特色社会主义理论自信的形成,不仅得益于马克思主义理论本身发展的科学性真理性,而且还受益于中国特色社会主义理论体系形成和发展是理论与时代结合的产物。深刻认

---

① 《马克思恩格斯文集》第9卷,人民出版社,2009年,第436页。

识和把握坚定对中国特色社会主义理论体系的自信，还要理解中国特色社会主义理论体系与时俱进的理论品格，理解其始终站在时代前列，引领历史潮流，是时代声音集中体现的品质。

一、与时代发展同频共振是科学理论的内在属性

"文章合为时而著，歌诗合为事而作。"马克思主义哲学历来重视理论与时代的关系问题。马克思主义认为，一切划时代的理论体系都是适应于一定时代条件的客观需要而产生和形成起来的，时代性是科学理论的内在属性。任何理论都是一定社会和时代的精神生活的构成部分，都是一定社会和时代的经济和政治在精神上的反映。科学理论的时代性是科学理论的内容和形式随时代的变化而展现出来的特性，它体现特定时代的精神，反映时代发展的主流和方向，具有对旧时代、旧文化较强的超越性。科学理论的时代性要求理论要符合人类历史前进的时代潮流，具有鲜明的时代特色，能够体现时代特征、反映时代精神、回答时代课题，体现时代主题。

（一）理论的时代性要求科学的理论要反映时代主题

理论是时代的产物，是对时代的反映。在马克思主义看来，一种理论的命运如何，也主要取决于它能够在多大程度反映自己时代的特点、满足自己时代的要求。如果说伟大的理论是伟大时代的产物，那么这种理论一定拨动了时代的琴弦，触及了时代最敏感的神经。

每个历史时代，都有自己的主要矛盾，都有需要解决的根本任务。这个主要矛盾和根本任务就是那个时代的主题。不同的时代具有不同的时代主题。理论要反映时代，最重要的是要反映时代的主题，建构出一种在内容和形式上都能够反映时代要求的理论形

态。因为为理论提供土壤的实践活动不是独立于时代之外，而总是处于一定的时代之中，因此，其源于实践又指导实践的理论就应该放在其所处的时代之中，贴近生活，贴近现实，而不应该脱离生活，远离现实世界。如果时代正在发生翻天覆地的大变化，而身处其中的研究者却对此视而不见，充耳不闻，还抱守传统的研究范式、研究套路，那么，这样的研究不可能有原创性，只会落后于时代，解答不了时代问题。这正如马克思在批评德国哲学脱离现实时所说的，德国哲学从天上降到地上，而我们是从地上升到天上……不是意识决定生活，而是生活决定意识。因此，从理论与时代的关系来看，任何理论创新都要受到创新主体所处时代条件的限制，都要受到其所处时代的实践水平的制约。科学理论必然是立足于时代，深刻把握时代的方向、本质特征、发展规律，提出具有针对性的时代性问题，并对之加以合理的解答和系统性阐释。19世纪中叶，随着资本主义基本矛盾的日益尖锐化，时代把无产阶级推翻资产阶级进行社会革命的历史任务提上了日程。适应时代发展的需要，马克思主义哲学为无产阶级革命提供了日臻完备的革命哲学，为无产阶级破坏旧世界建立新世界提供了科学的世界观和方法论。由此来看，理论的时代性首先意味着科学的理论不应该只待在书房里，站在古书堆上思考现实问题，而应该走出书斋，广泛接触社会现实，立足于时代现实，放眼于人类大舞台，把时代的现实纳入到自己的理论视域中，提出时代性问题并找出解决的方法。因此，顺应时代发展之大势，努力建构指导中国特色社会主义现代化建设的理论形态，是今后中国马克思主义理论发展的最迫切任务。

（二）理论的时代性要求科学的理论要凝聚时代精神

任何一个时代都有一种特有的时代精神，都需要铸造一种能够反映那个时代的主题和要求的时代精神。时代精神反映了在特定时代的社会生活与社会变革中所形成的集体意识、大众心态、统一认知和共同的理想、愿景与追求,代表着生活的本质和未来,体现着时代的韵律和脉动,引领着人生的道路和方向,是理论创新的前提和要素。从理论与时代精神的内在关系来看,一方面,以反映和表现时代活动为己任的理论研究永远都离不开特定时代的社会实践活动与社会实践主体,都是在一定历史条件下产生的。这正如马克思说:"人们按照自己的物质生产率建立相应的社会关系,正是这些人又按照自己的社会关系创造了相应的原理、观念和范畴。所以,这些观念、范畴也同它们所表现的关系一样,不是永恒的。它们是历史的、暂时的产物。"①而时代精神,作为历史时代的本质特征及其发展趋势在社会心理、群众情绪以及精神文化等方面的反映,以整体性和普遍性的形式综合地表现了人们的共同愿望和要求,构成特定历史条件下社会实践活动与社会实践主体的主流意识和核心观念。正因为如此,马克思提出,"任何真正的哲学都是自己时代的精神上的精华"。所谓"时代的精神上的精华",在马克思看来,就是哲学要代表自己的时代和自己所处时代的人民,使人民最精致、最珍贵和看不见的精髓都集中在哲学思想里。另一方面,时代精神更是社会实践和社会生活经过升华后的凝聚与集中,它是社会活动的本质体现。时代的改变要求我们的观念特别是价值观念跟着改变。价值观念作为一个历史范畴,总是和一定历史时期广大群众的现实追求相联系的,它内在地要求人们顺应时代的挑战和提供的机遇,为自己注入新鲜的、活生生的内涵。理论研究也只有真正抓住了这种本质并加以深刻揭示,才有希望完成所负载的历史使命,获得自身的科学品格。

由此可见,任何科学的理论都是历史的产物,这种思想体系不仅要反映社会经济关系和政治制度,还要体现特定时代中超脱个人

① 《马克思恩格斯文集》第1卷,人民出版社,2009年,第603页。

的共同的集体意识，所有这些，都是时代精神的内容。因此，体现时代精神是科学理论的共同属性。

（三）理论的时代性要求科学的理论要破解时代课题

问题是时代的呼声。任何一个时代都有现实课题，只有把握和回答这些现实课题，才能提出科学的理论；也只有正确地总结和概括了时代的实践经验和认识成果的理论才是自己时代的精神的精华。科学理论要破解时代课题，就要以所处时代的问题作为自己的研究任务，研究内容和方法应该与其所处时代的政治、经济、文化等发展状况与趋势保持同步，应该紧跟时代，对社会现象要保持敏锐的嗅觉和鲜明的问题意识，并善于从纷繁复杂的社会现象中探索出规律性的东西。

在 19 世纪三四十年代，欧洲发生了法国里昂工人的两次起义、英国宪章运动和德国西里西亚纺织工人起义等三大工人运动，显示了工人阶级的力量。大工业的发展，资本主义社会基本矛盾的暴露，工人运动的兴起，迫切要求有科学的理论来回答时代提出的课题，即"如何正确认识资本主义，如何变革资本主义制度"，迫切要求崭新的思想理论的诞生和指导。在这样的历史条件下，马克思、恩格斯顺应时代进步的潮流，立足于新兴的工人阶级斗争的实践，批判地吸收和改造了德国古典哲学、英国古典政治经济学和法国空想社会主义，正确地回答了时代提出的课题，创立了马克思主义，实现了人类思想史上的伟大变革。

19 世纪末 20 世纪初，资本主义从自由竞争阶段进入垄断阶段即帝国主义阶段。垄断资本对无产阶级进行更加残酷的剥削，同时资本主义国家之间的矛盾也日益激化。时代迫切要求对这一时期的时代特征和无产阶级革命斗争的新方式作出回答和指明方向。列宁果断地排除了"左"右倾错误的严重干扰，牢牢地把握住了垄断资本主义的时代特征，深刻揭示了资本主义发展不平衡的规律，科学剖析了资本主义国家内部资产阶级与无产阶级的矛盾，帝国主义国家之间的矛盾以及殖民地宗主国与殖民地国家之间的矛盾，把马克思主义的基本原理与俄国革命的具体实际相结合，突破了马克思恩格斯关于社会主义革命应该同时在几个发达资本主义国家取得胜利的论断，提出了社会主义革命可能首先在一国或数国取得胜利的新论断，并领导俄国人民取得了十月革命的伟大胜利。

由此可见，马克思主义理论之所以具有如此顽强的生命力，不仅在于其正确反映时代的任务和要求，牢牢地把握了时代的脉搏，更在于其圆满地回答了"人类社会发展规律""剩余价值的本质"等时代性问题，是时代的实践经验和认识成果的科学总结。对此，工人党的创始人之一保尔·拉法格在谈到马克思的哲学思想给予他的影响时以第一人称这样描述——一天晚上，马克思以他特有的那种丰富的旁征博引和见解向我讲述了他那人类社会发展的辉煌理论，就像在我眼前揭开了一道帷幕一样，我有生以来第一次清楚地把握了世界历史的逻辑，并且能够找到社会发展和思想发展表面上如此矛盾的共同的物质原因。这一切使我非常惊讶，好几年后，这一印象还留在我的脑海里。

二、理论自信是在对时代主题的深刻把握中不断增进的

时代主题是对世界历史的理论抽象，时代主题的变迁，是人类社会历史合目的性和历史的合规律性内在统一的结果。正确认识时代及时代的阶段性特征，是社会科学研究的基本前提。中国特色社会主义理论体系的形成，与当代中国改革开放时代的开启息息相关，是在和平与发展成为时代主题的历史条件下，总结我国社会主

义建设的历史经验和新鲜经验,汲取其他社会主义国家兴衰成败的历史经验,并借鉴其他国家发展经验教训的基础上,逐步形成和发展起来的。中国特色社会主义理论体系与时代主题之间的内在关系,决定了深刻把握时代主题基础上形成的中国特色社会主义理论,符合时代主题形成和发展的内在规律,这不仅为坚定理论自信奠定了坚实的科学基础,也呼唤着我们以对中国特色社会主义更加自信的心理状态,进一步扎根于中国特色社会主义建设的伟大实践和改革开放的伟大进程,用蕴藏于中国特色社会主义之中的马克思主义立场、观点和方法,科学分析时代主题和基本特征,深刻揭示时代发展的基本趋势和规律,不断在新的时代内容中吸取新的养分,回答鲜活的时代课题,与不断变化的时代特征结合起来,使中国特色社会主义理论体系更具时代性。

(一)准确把握时代主题是进行理论研究与理论指导的前提

时代主题是对世界历史的理论抽象,具有广泛的社会实践价值和影响。列宁曾强调指出:"首先考虑到各个'时代'的不同的基本特征(而不是个别国家的个别历史事件),我们才能够正确地制定自己的策略;只有了解了某一时代的基本特征,才能在这一基础上去考虑这个国家或那个国家的更具体的特点。"①认识和把握时代的主题,不仅是制定我国社会主义现代化建设和改革开放事业战略策略的根本依据,也是我们以正在推进的社会实践为研究对象,开展理论工作的前提。无论是进行理论研究,还是理论指导,都离不开对时代性质的分析和判断。对于理论研究而言,如果不能正确认识当今时代的性质,如果不能站在时代发展的高度看问题,那就看不清

---

① 《列宁全集》第26卷,人民出版社,1988年,第143页。

世界发展的一般趋势，也难以准确揭示蕴含在世界发展趋势中事物发展的内在规律，对于理论指导而言，如果在时代性质及时代主题上发生误判，将会对党和国家的全局事业、长远事业，对国家的长治久安带来重大的消极影响甚至犯下不可挽回的颠覆性错误。从一定意义上讲，正确认识时代主题，科学判断时代性质，真正弄清所处的时代，是开展理论工作的基本前提。

（二）中国特色社会主义理论体系是在科学分析当今时代主题基础上形成的理论成果

习近平总书记在省部级主要领导干部"学习习近平总书记重要讲话精神，迎接党的十九大"专题研讨班开班式上强调，谋划和推进党和国家各项工作，必须深入分析和准确判断当前世情国情党情。我们强调重视形势分析，对形势作出科学判断，是为制定方针、描绘蓝图提供依据，也是为了使全党同志特别是各级领导干部增强忧患意识，做到居安思危、知危图安。① 这一重要论述，从时代与事业关系的角度强调了：认识和确定时代特征和时代主题，已经成为政府决策的重要依据，也成为引导我们每个人生活方式及思维行为模式的重要指南。中国特色社会主义理论体系，作为中国特色社会主义建设经验的科学总结和中国特色社会主义道路的理论指导，也是顺应时代潮流而产生的，并在时代变革中发展、成熟起来的。改革开放以来，党领导人民以我们正在做的事情为中心，从我国改革发展的实践中挖掘新材料、发现新问题、提出新观点、构建新理论，加强对改革开放和社会主义现代化建设实践经验的系统总结，提炼出有学理性的新理论，概括出有规律性的新实践，形成了中国特色社会

---

① 参见《高举中国特色社会主义伟大旗帜 为决胜全面小康社会实现中国梦而奋斗》，《人民日报》2017年7月28日第1版。

主义理论体系。只有把中国特色社会主义置于整个时代背景下去认识和把握,方能充分理解其科学性、时代感和历史必然性。

中国特色社会主义理论体系,形成于改革开放新的历史时期。不同于 20 世纪前半期战争与革命的时代主题,20 世纪中后期以来,世界形势开始发生重大变化,追求和平与发展成为时代的主流。面对国际形势的这种新变化,邓小平以敏锐的洞察力深刻地指出:"现在世界上真正大的问题,带全球性的战略问题,一个是和平问题,一个是经济问题或者说发展问题。和平问题是东西问题,发展问题是南北问题。概括起来,就是东西南北四个字。"①邓小平关于"和平与发展"两大问题的论断,十三大以后被我们党概括为时代主题。根据邓小平的这一科学判断,我们党明确提出并一以贯之地坚持了和平与发展是当今时代主题的重大战略思想,实现了由战争与革命的战略思维向和平与发展的战略思维的历史性飞跃。进入 90 年代,随着东欧剧变、苏联解体、华沙条约组织解散这些重大历史事件的先后发生,世界国际格局出现了一些新的变化。对此,江泽民同志以敏锐的战略眼光,洞察全球形势的风云变幻,从新的时代历史条件出发,在科学地把握世界激烈的大变动的基础上指出:当今世界正处在大变动的历史时期。两极格局已经终结,各种力量重新分化组合,世界正朝着多极化方向发展。新世纪以来,国际局势发生了冷战结束以来最深刻的变化。霸权主义和强权政治有新的表现,恐怖主义危害上升,不稳定因素增加。对此,我党站在时代的高度不仅明确判断,世界要和平,国家要发展,社会要进步,经济要繁荣,生活要提高,已成为各国人民的普遍要求,要和平、求合作、促发展已经成为时代主流;还在此基础上进一步指出,综观全局,21 世纪头20 年,对我国来说,是一个必须紧紧抓住并且可以大有作为的重要战略机遇期。党的十八大强调,我国发展仍处于可以大有作为的重

① 《邓小平文选》第 3 卷,人民出版社,1993 年,第 105 页。

要战略机遇期，我们要准确判断重要战略机遇期内涵和条件的变化。这一重大判断，为我们在新的历史阶段赢得和抓住我国发展的"黄金期"奠定了思想基础。党的十九大报告进一步强调，世界正处于大发展大变革大调整时期，和平与发展仍然是时代主题。同时也指出，中国特色社会主义进入了新时代，这是我国发展新的历史方位。我国社会主要矛盾已经转化为人民日益增长的美好生活需要和不平衡不充分的发展之间的矛盾，必须认识到，我国社会主要矛盾的变化是关系全局的历史性变化，对党和国家工作提出了许多新要求。这样的时代主题判断和中国特色社会主义进入新时代的判断为我们推进理论创新奠定了重要前提和基础。

由此可见，改革开放以来，党领导人民始终站在时代的高度，全面正确把握时代特征和时代主题，并从具体国情出发，来合理制定正确的路线、方针与政策，抓住机遇、发展自己。中国特色社会主义理论体系，也正是在这样一种时代背景下形成并不断发展起来的。中国特色社会主义是顺应时代潮流而产生的，并在时代变革中发展、成熟起来的。

（三）深刻把握时代主题呼唤理论自信

每个历史时代，都有自己的主要矛盾，都有需要解决的根本任务。这个主要矛盾和根本任务就是那个时代的主题。时代主题包含着时代发展变化的内在逻辑，深刻把握时代主题，是站在时代高度观察和研究问题的基础。但是，另一方面，对时代主题的把握，也离不开社会实践，也需要科学理论作支撑。这取决于时代主题与社会实践的内在关系。从这一角度来看，时代主题的变迁，会对社会实践活动产生影响制约作用；同时，社会实践活动，也会对时代主题的形成、稳定、演化和变迁产生重塑作用。因此，深刻把握时代主题，构成观察和研究事物的前提和基础。

对于中国特色社会主义而言,一方面,作为发生在上层建筑层面的变革和调整,中国特色社会主义理论体系的发展离不开它所要反映的时代任务的变迁。中国特色社会主义理论体系的发展要依托时代问题和主题的发展来推动,并取决于时代主题的基本性质和历史进程。因此,正确认识中国特色社会主义理论体系,深刻理解中国特色社会主义理论自信,是建立在对和平与发展这一时代主题深刻把握的基础之上的。另一方面,作为所有时代因素综合作用的产物,时代主题体现了时代因素相互作用的结果,也体现了时代因素相互作用方面是内在的。并且,实践在变化,时代在发展,时代主题也会随着实践和时代的变化而变化。这不仅决定了对时代主题的认识和把握不是一劳永逸的,而是一个过程;而且,对时代主题的正确认识和深刻把握,也离不开对中国特色社会主义的深刻认识,需要以中国特色社会主义理论体系作支撑。

和平与发展的时代主题是不断演化的,中国特色社会主义实践也是不断发展的。作为中国特色社会主义实践的指导思想和和平与发展时代主题的理论基础,中国特色社会主义理论体系,也需要根据中国特色社会主义实践和和平与发展时代主题的发展与变化,而不断丰富和发展。从这一角度来说,坚定对中国特色社会主义理论的自信,是根据时代和实践需要而不断丰富和发展中国特色社会主义理论体系的内在要求,也是以不断完善的中国特色社会主义理论体系为指导,深刻认识和把握和平与发展时代主题的迫切需要。

三、理论自信是在对时代精神的传承彰显中不断增进的

任何一个时代都有一种特有的时代精神,都需要铸造一种能够反映那个时代的主题和要求的时代精神。改革开放以来,我国形成

的以改革创新为核心的时代精神，是中华民族精神的时代升华，始终是 40 年来中国特色社会主义建设的牵引力，也是未来推动我国社会发展极为重要的精神动力。把中国特色社会主义理论体系和对中国特色社会主义理论的自信放到时代精神的格局下加以把握和定位，着眼时代精神的传承和弘扬，坚定对中国特色社会主义理论的自信，是传承和弘扬时代精神的迫切需要，也为认识理论自信问题提供了很好的研究视角。

（一）时代精神是时代文明的精髓

黑格尔是较早使用时代精神概念的哲学家。他认为，时代精神是每一个时代特有的普遍精神实质，是一种超脱个人的共同的集体意识。由此可见，时代精神是整个人类一定时代的先进的社会形态的本质及其发展趋势在精神上最深层的反映，是社会现实运动的产物。

从时代精神与时代的关系来看，黑格尔曾经指出，时代精神是人类发展过程不同阶段具体的复杂的社会生活的共同的根源，时代精神是一个贯穿于所有文化部门的特定的本质或性格。时代精神是时代文明（包括物质文明、制度文明和精神文明）内在、深层的精髓与内核，是对于时代文明最高层次的抽象；作为反映社会发展某一阶段的时代需求并为社会成员所广泛认同的文化观念和价值追求，它是时代发展特点的综合反映。时代精神是比物质文明、制度文明和精神文明更深一层次的范畴，超越了不同社会制度的对立，反映了人类社会发展的本质和趋势。时代文明代表历史前进方向的客观、本质的潮流及其发展趋势，并积极推动时代政治、经济和文化发展。决定一个时代的时代精神深深影响着一个时代的政治、经济和文化，影响着社会发展的方向和潮流，是激发社会创造活力的动力之源。作为特定时代社会的反映，时代精神体现了人类社会新的发展方向、新的思维方式、新的价值目标和新的审美追求,引领和鼓舞着整个人类社会的发展,赋予各民族、各国家的发展以新的动力和活力。

(二)中国特色社会主义理论体系凝聚和体现着改革创新的时代精神

中国特色社会主义理论体系是改革创新精神的产物。新中国在遭受"文革"那样严重的挫折和损失之后,在世界共产主义运动处于低潮的困难时期,面对建设什么样的社会主义,如何建设社会主义这样关乎国家命运的重大时代课题,中国共产党把马克思主义同中国实际和时代特征相结合,开启了改革开放的伟大历程,在改革开放中探索建设中国特色社会主义的道路。在改革开放和中国特色社会主义现代化建设的伟大进程中,党领导人民准确把握当今时代主题,形成了以改革创新为核心的与时俱进、开拓进取、求真务实、奋勇争先的时代精神。

新时期发展经验表明,在中国这样一个处在社会主义初级阶段的发展中大国,改革创新作为时代精神的核心,其实质就是要通过改革开放推动社会主义制度的自我完善和自我发展,其目的是使上层建筑适合于生产力的发展。从中共十一届三中全会以来的40年间,"改革"是我们这个时代的最强音,是我们国家一天也没有停止的伟大实践。党领导人民将以改革创新为核心的与时俱进、开拓进取、求真务实、奋勇争先的时代精神融入中国经济、政治、文化、社会和生态文明建设各个方面,以一往无前的进取精神和波澜壮阔的创新实践,开创和发展了中国特色社会主义,有力地推动了中国特色社会主义事业的发展进步。随着这种精神在改革开放中的内化和升华,在实践层面上必将荡涤我国社会生活的方方面面——经济体制的深刻转型,政治体制的深刻变革,社会结构的深刻变动,利益格局的深刻调整，最终必然导致整个中国社会发生深刻变化。

弘扬时代精神，首先要在指导思想上实现与时俱进，突破传统价值观念的羁绊，实现思想观念的现代化和主导价值观念的更新。只有这样，我们才能使改革的理念得以认可，创新的精神得以弘扬，才能使以改革创新为核心的时代精神得以发扬光大。中国共产党是一个能够在斗争中坚持理论指导而又敢于理论创新的党。在开创和发展中国特色社会主义的时代征程中，不仅在实践层面开拓了中国特色社会主义制度，完善了中国特色社会主义制度，还在理论层面形成了中国特色社会主义理论体系。因此，中国特色社会主义理论体系是改革开放以来我党根据党情、国情和世情的变化所形成的一系列理论创新，这些理论的形成和发展过程就是与时俱进和改革创新精神的生动写照。正因为中国共产党人敢于实践敢于创新，把与时俱进和改革创新精神贯彻到治国理政的各个环节，且毫不动摇地坚持，所以才形成了中国特色社会主义理论体系。由此来看，一部中国特色社会主义理论发展的历史，就是中国共产党应对挑战、创新发展的历史。中国特色社会主义理论体系是改革创新的产物，其形成和完善是改革创新时代精神的结果，其本身洋溢着改革创新的精神，是改革创新时代精神的集中体现。

（三）弘扬时代精神需要坚定理论自信

从时代精神与时代的辩证关系来看，一方面，时代精神对时代的发展能产生巨大的推动作用，另一方面，作为时代文明的精髓与内核，时代精神及其对于时代所具有的巨大影响力，也是通过时代的不断发展来体现的。从中国当今时代的实际来看，开启于改革开放之初的中国特色社会主义建设实践是最现实的时代主题，也是40年来中国发展与进步的基本轨迹。沿着中国特色社会主义道路前进，不仅是历史经验的科学总结，也是未来引领中国发展的基本方向。

中国特色社会主义,是科学社会主义理论逻辑和中国发展历史逻辑的统一。中国特色社会主义事业的不断发展,需要将马克思主义基本原理运用于当代中国的发展实践,不断研究中国发展进程中所存在的新情况和新问题,不断破解发展瓶颈。这样的发展思路,正是中国特色社会主义理论形成和发展的基本逻辑,中国特色社会主义理论体系,也是沿着这种逻辑形成的重要成果。从这一角度来看,中国特色社会主义是改革创新精神在时代发展进程中的成果,也是在新的实践中传承、弘扬、彰显时代精神的基本依托。

时代精神是时代发展的潮流和方向,引领时代发展的理论也不能停步。不仅需要不断把握时代脉搏,总结实践经验,根据时代进步和实践发展,不断推进基于实践创新的理论创新,不断形成符合时代特点、满足时代需要、揭示时代内在规律和发展趋势的科学的理论,也需要充分发挥理论的指导作用,始终以所形成的开放理论,指引时代前行的方向,推动时代的发展。只有这样,时代精神对于时代所存在的巨大作用,才能最终体现和发挥出来。从这一角度来看,无论是理论创新,还是理论指导,都是建立在对中国特色社会主义理论体系充分自信的基础之上的。所以理论自信是理论创新与理论指导的前提,也是充分彰显时代精神对于时代发展的积极作用的基础。传承、弘扬和彰显时代精神,需要坚定理论自信。

四、理论自信是在对时代问题的破解中不断增进的

时代是思想之母,问题是时代的声音。理论自信不是从理论到理论的自我循环,而是植根于解决时代课题发挥真理的威力。改革开放以来,我们党一直在探索和回答的基本问题就是,"什么是社会主义、怎样建设社会主义""建设什么样的党、怎样建设党""实现什

么样的发展、怎样发展""新时代坚持和发展什么样的中国特色社会主义、怎样坚持和发展中国特色社会主义"。中国特色社会主义理论体系紧紧围绕这四个重要的基本问题展开,创造性地提出了一系列紧密联系、相互贯通的新思想新观点新论断。其中,邓小平理论解决了现代化过程中普遍性与特殊性的关系问题,开创了中国特色社会主义道路;"三个代表"重要思想解决了新时期中国现代化的主体与动力问题;科学发展观解决了中国现代化过程中历史与价值的矛盾问题和发展的突出问题;习近平新时代中国特色社会主义思想则回答和解决了新时代坚持和发展中国特色社会主义的总目标、总任务、总体布局、战略布局和发展方向、发展方式、发展动力、战略步骤、外部条件、政治保证等基本问题。中国特色社会主义理论体系既破除了对马克思主义的教条式理解,又抵制了抛弃社会主义基本制度的错误主张;既坚持了科学社会主义基本原则,又具有鲜明的时代特征和中国特色。中国特色社会主义理论体系的形成和不断完善,既反映了中国人民对中国现代化实践的理论自觉,也标示着中国现代化理论的日益成熟。在改革开放时期,这一理论体系之所以能够引领中国不断发展进步,我们之所以有理论自信,最根本的就在于它既继承了前人,又在继承的基础上不断创新,开拓了马克思主义新境界,是深深扎根于中国大地、符合中国实际的当代中国马克思主义。

(一)时代问题是推动时代前行的动力

问题是时代的声音,每一个时代都有自己的问题。只有解决了时代问题,才能把时代向前推进。马克思说:"问题就是公开的、无畏的、左右一切个人的时代声音。问题就是时代的口号,是它表现自己精神状态的最实际的呼声。"①毛泽东指出:"什么叫问题?问题就是事物的矛盾。哪里有没有解决的矛盾,哪里就有问题。"②矛盾,无时无刻不在,是推动事物发展的根本动力。从辩证法的角度看待,时代发展过程中出现的诸多问题包含着时代前行的内在逻辑。这些问题解决与否及其解决的程度往往关乎时代的发展,是推进时代进步的不竭动力,只有对这些时代的重大现实和理论问题予以积极的回应和解答,才能在引领、推动社会发展进步的基础上与时俱进地推进马克思主义时代化。40 年改革开放历程,可以说正是在解决问题中步步向前。如果不是我们党坚持不懈地探索和回答了"什么是社会主义、怎样建设社会主义""建设什么样的党、怎样建设党""实现什么样的发展、怎样发展"等重大现实问题,也就不会改革、难言发展。从这一意义上看,我们所处的世界就是一个问题世界。历史无非就是问题的消亡和解决,现实也无非是问题的存在和发展。始终依据不同时代不同问题的基本精神和基本原则,对当代人类社会的基本趋势和基本特征进行深入的研究,尤其是要对当代人类面临的一系列重大课题的形成根源等问题等进行深刻的剖析,对时代发展中出现的问题和挑战进行回应,既是理论工作的出发点和落脚点,也是理论发展的主线和基本脉络。科学的理论在回应时代挑战、吸收新的时代内容的同时,更应解答时代发展过程中不断出现的问题与矛盾,这是理论时代性的显著特征、本质要求及其存在的意义。

---

① 《马克思恩格斯全集》第 40 卷,人民出版社,1982 年,第 289 页。
② 《毛泽东选集》第 3 卷,人民出版社,1991 年,第 839 页。

（二）中国特色社会主义理论体系以解决时代课题为主要使命

马克思曾深刻指出："理论在一个国家实现的程度,总是取决于理论满足这个国家的需要的程度。"①中国特色社会主义理论体系是在和平发展已经成为时代主题、中国正处于并将长期处于社会主义初级阶段、社会主义现代化建设进入了改革开放的新时期的背景下,以马克思主义中国化为基本思路,不断回答和解决中国改革发展实践所提出的重大课题,在回答和解决时代问题中形成的科学理论体系。中国特色社会主义理论体系,不仅深刻地反映了国际共产主义运动、特别是其他社会主义国家的经验教训,更包含着对中国改革开放 40 年的新变化、新发展的理性反思,具有浓郁的时代气息。

1.邓小平理论着重从根本上解决了什么是社会主义与如何建设社会主义的时代课题

马克思主义是普遍真理,但只有与不同时代的社会历史条件相结合,并从各时代的具体情况出发,才能切实发挥指导作用并得到不断发展。不同的时代发展要求会凸显马克思主义整个思想体系的不同方面。在中国现代化过程中,每一个阶段所面临的主要问题都不相同,这决定了中国马克思主义需要不断解决新的问题,不断改变其形态,实现与时俱进。

在冷战时代,和平与发展成为时代主题,加快实现现代化是摆在中国人民面前的主要历史任务。而当时制约中国现代化的主要方面是思想认识与苏联模式的社会主义体制,科学回答什么是社会主义与如何建设中国社会主义成为中国面临的独特理论和实践问题。所以,怎样理解和对待马克思主义始终是一个具有时代性的问题,

---

① 《马克思恩格斯文集》第 1 卷,人民出版社,2009 年,第 12 页。

传统社会主义模式的一些弊端充分暴露之后,如何科学把握社会主义本质并积极推进现代化建设,也成为社会主义中国所必须解答的时代课题。

在这种情况下,邓小平以广阔的世界历史视野,从中国的具体国情出发,开辟了一条中国式的现代化道路。邓小平指出:"过去搞民主革命,要适合中国情况,走毛泽东同志开辟的农村包围城市的道路。现在搞建设,也要适合中国情况,走出一条中国式的现代化道路。"①按照这种思路,邓小平通过倡导真理标准大讨论解放了人民的思想,通过改革开放的一系列措施建立了中国特色的社会主义政治、经济和文化体制。在这个过程中,邓小平将马克思主义与中国现代化建设紧密联系起来,创立了有中国特色的社会主义理论。邓小平理论较系统地回答了在世界现代化背景下中国如何实现社会主义现代化的问题,他正确处理普遍与特殊的关系,开创了一条有中国特色的社会主义现代化道路。

2."三个代表"重要思想着重提出并重点回答了建设一个什么样的党以及怎样建设党的时代课题

世界各国的现代化进程已经证明,现代化运动的成败在很大程度上取决于现代化的主体特别是其领导者是否具有坚定正确的现代化取向和方针政策。尤其是对发展中国家而言,更加需要一个有正确领导方针和能力的执政党,因为它往往是旧秩序的破坏者和新秩序的创造者,是现代化的推动者和倡导者,是本国经济发展的根本政治保证。

中国现代化的主体是中国各族人民,是广大的人民群众,中国共产党则是中国现代化主体的核心,担负着领导中国现代化事业的历史重任。中国共产党经历革命、建设和改革各历史阶段,成为领导人民掌握政权并长期执政的党。80 多年来,中国共产党从一个 50

———————
① 《邓小平文选》第 2 卷,人民出版社,1994 年,第 163 页。

多人的小党成长为一个 6000 多万人的大党，党内的利益关系也更为复杂。不仅如此，世纪交替之际正是党处在新老领导整体交接班的关键时期。在复杂的国际、国内与党内形势面前，党必须面对新的考验。

"三个代表"重要思想，敏锐地把握住了新的历史条件下，作为现代化主体领导核心的中国共产党的建设这一关键问题，提出并解答了在新的历史条件下加强和改进党的建设，使党始终保持先进性和纯洁性，充满创造力、凝聚力和战斗力，担负起领导中华民族实现伟大复兴这一艰巨历史任务的重大课题。"三个代表"重要思想进一步解决了中国社会主义现代化的主体建设问题，为中国现代化提供了新的动力，加速了中国现代化的建设步伐。

3.科学发展观着重提出并重点回答了实现什么样的发展以及怎样实现发展的时代课题

在世界与中国现代化的过程中，存在着一个发展的悖论：一方面，社会物质生产力水平得到了很大的提高，取得了巨大成就；但另一方面，却产生了许多不和谐的现象，诸如贫富分化日益加剧、生态环境问题日益严重、人们的价值观念扭曲与信仰丧失等。这就是发展过程中历史与价值的矛盾问题。在以往的现代化过程中，这一问题从没有像今天这样突出与严重，甚至到了可能使发展不可持续或中断的地步。在资本主义占主导的世界历史时代，社会主义国家必然要面对处理同资本主义的关系问题。社会主义要在世界历史中发挥出比资本主义更大的优越性，取得比较优势，就必须吸取世界一切有利于自身的文明成果，实现比资本主义更好的发展，创建出比资本主义发展更快、更为和谐的社会形态。

以胡锦涛同志为总书记的中国共产党勇于面对时代问题，敢于进行理论创新，明确提出了科学发展观，并把它作为党和国家在发展问题上的根本思想。科学发展观坚持从主体与客体、科学与价值、整体与部分有机统一的方法论出发,从深层次上思考中国与世界现代化过程中出现的问题,站在世界历史的高度提出了要坚持以人为本,树立全面、协调、可持续的发展观,促进经济、社会和人的全面发展。以人为本把握住了世界历史发展的核心和趋势,全面、协调与可持续的发展观体现了人与世界整体发展的内在要求,促进经济、社会和人的全面发展体现了主客体统一和科学与价值统一的方法论。总之,科学发展观在坚持以人为本的基础上将人的发展与社会的发展有机统一起来,也就在客观上将历史与价值有机统一起来。

4.习近平新时代中国特色社会主义思想着重提出并重点回答了新时代坚持和发展什么样的中国特色社会主义、怎样坚持和发展中国特色社会主义的重大时代课题

党的十九大报告指出:"十八大以来的五年,是党和国家发展进程中极不平凡的五年""面对世界经济复苏乏力、局部冲突和动荡频发、全球性问题加剧的外部环境,面对我国经济发展进入新常态等一系列深刻变化""我们党以巨大的政治勇气和强烈的责任担当,提出一系列新理念新思想新战略,出台一系列重大方针政策,推出一系列重大举措,推进一系列重大工作,解决了许多长期想解决而没有解决的难题,办成了许多过去想办而没有办成的大事""经济建设取得重大成就""全面深化改革取得重大突破""民主法治建设迈出重大步伐""思想文化建设取得重大进展""人民生活不断改善""生态文明建设成效显著""强军兴军开创新局面""港澳台工作取得新进展""全方位外交布局深入展开""全面从严治党成效卓著"。[①] 经过长期发展,中国特色社会主义进入了新时代。

新时代提出新课题。"十八大以来,国内外形势变化和我国各

----

① 习近平:《决胜全面建成小康社会 夺取新时代中国特色社会主义伟大胜利——在中国共产党第十九次全国代表大会上的报告》,人民出版社,2017年,第2—8页。

项事业发展都给我们提出了一个重人时代课题,这就是必须从理论和实践结合上系统回答新时代坚持和发展什么样的中国特色社会主义、怎样坚持和发展中国特色社会主义"①。在新的起点上迈向新征程,迫切需要我们在坚持马克思主义基本原理的基础上,根据时代的变化发展,以更宽广的视野、更长远的眼光来思考和把握国家未来发展面临的一系列重大战略问题,在理论上不断拓展新视野、作出新概括,从中国特色社会主义新实践中总结提升新理论,为新时代进行伟大斗争、建设伟大工程、推进伟大事业和实现伟大梦想提供全局性战略性前瞻性的行动纲领。

新课题催生新理论。为了回答这一时代新课题,十八大以来,习近平总书记提出了一系列治国理政新理念新思想新战略,进行了艰辛的理论和实践探索,最终取得了重大理论创新成果。因此,习近平新时代中国特色社会主义思想就是在对社会主要矛盾转化的深邃思考和对新时代坚持和发展什么样的中国特色社会主义、怎样坚持和发展中国特色社会主义这一重大时代课题的解答中逐渐形成的。

(三)破解时代问题离不开理论自信的有力支撑

时代问题是时代进步的动力,也是中国特色社会主义理论体系开放发展的动力。中国特色社会主义理论体系,包含着破解时代课题的智慧,是在不断破解当代中国发展问题的过程中形成的。

自改革开放以来,我国在中国特色社会主义理论体系的指导下取得了人类经济史上不曾有过的奇迹。相对于苏联、东欧的转型导致经济崩溃、停滞、危机不断,我们的成绩说明:改革开放以来我国所走的中国特色社会主义道路是正确的,我们的制度与当前的国情

---

① 习近平:《决胜全面建成小康社会 夺取新时代中国特色社会主义伟大胜利——在中国共产党第十九次全国代表大会上的报告》,第18页。

和发展阶段是相适应的。所有这些,既得益于我们在沿着中国特色社会主义道路不断解决时代问题的过程中,总结实践经验,推动理论创新,形成了中国特色社会主义理论体系,也得益于长期以来我们始终坚定对中国特色社会主义理论体系的自信,坚持用中国特色社会主义理论体系指导破解不断出现的新情况和新问题,充分发挥中国特色社会主义理论体系对中国特色社会主义实践的巨大指导作用。

中国特色社会主义理论体系是不断发展的开放的理论体系,在不断破解时代问题中形成,也必然会在对不断出现的新问题的破解中日益深化和完善。新的理论来自新的问题,在解决新问题的过程中,不断形成新的理论。实践发展无止境,理论探索也无止境。中国特色社会主义理论体系的开放性要求无论是理论建设,还是理论指导,都要在正确认识中国特色社会主义理论体系和时代及时代问题内在关系的基础上,正确认识中国特色社会主义理论体系对于破解时代问题和推动时代进步所具有的重大历史作用,坚定理论自信,着眼于保持其时代性,围绕保持时代性认识理论问题、开展理论工作,不断研究时代的新情况、解决时代的新问题、总结时代的新经验、概括时代的新观念,充分展现中国特色社会主义理论强大的生命力、创造力、感召力。

第四章

科学体系，智慧结晶
——理论自信的丰富内涵

———

　　理论是分析问题的工具，概念又是理论的高度浓缩和升华，反映理论的本质。探究作为学术概念的理论自信本身即包含着人们为何要树立对理论的自信这一维度，是对理论和理论的主体的一种反思性认识。因此，从学术界关于理论自信内涵的研究现状出发，在对当前研究进行梳理和总结的基础上，借鉴现有研究成果和研究思路，从新的视角对理论自信本身进行系统研究，揭示理论自信的构成要素及其内在关系，剖析中国特色社会主义理论自信的内在属性，对于我们为何要坚持及如何坚持中国特色社会主义体系的理论自信具有一定的理论借鉴意义和实践启示作用。

一、理论自信的逻辑解读

　　理论研究是一个连续不断的现象，在前人研究的基础上进行理性分析，是理论研究的一般思路，也是基本模式。当前学术界对理论自信内涵的研究主要有广义和狭义两种视角。因此，在对这两种视角进行分析对比的基础上，从逻辑角度对理论自信的共性进行解读，对于我们从方法论角度把握具体语境下的特定内涵，进而准确把握中国特色社会主义理论自信的科学内涵具有重要指导意义。

（一）理论自信概念研究的基本概况

自 2012 年时任中共中央总书记的胡锦涛在中国共产党第十八次全国代表大会报告中明确提出"理论自信"这一概念以来，国内学者对理论自信问题进行了广泛而深刻的研究。就其概念和内涵而言，主要集中在广义和狭义两个层面。其中，狭义层面特指中国特色社会主义理论自信，广义层面则是从哲学层面进行概括，具有较强的普适性。学者李金和认为："理论自信，一是对科学理论本身的自信。二是在理论上的自信。"学者黄明理等认为："理论自信是人们对自己主张和坚持的理论的信念、信心和信仰的总和。"中国社会科学院中国特色社会主义理论体系研究中心的一篇文章指出："'理论自信'，是理性的、清醒的对真理的信仰和执着的追求。"王树荫指出："所谓理论自信，是对理论价值的充分肯定，对理论发展进程和未来的充分认识，对理论价值的生命力有坚定的信念。"程京武认为："理论自信是建立在理论自觉基础上对理论价值的认定和信心。"齐卫平认为："理论自信是指对理论持有执着信念和不放弃、不偏离的坚定精神，即是说认定某种理论作为始终不渝的思想遵循。"

从以上对理论自信的概括可以看出，广义层面的理论自信，从逻辑和方法论层面认为，理论自信是主体对某种理论所持有的一种心理状态。它表征着主体对某种理论成果所持有的信任、认可和始终不渝坚守的执着信念。理论自信的主体涵盖也比较广泛，可以是个人、社会民众、思想理论界以及政党等等，没有明确的主体指向，这也与理论自信发端于马克思主义理论界的学术讨论相吻合。而狭义层面的理论自信，结合理论自信在我国提出的实践背景认为，理论自信就是中国共产党对中国特色社会主义理论体系的自信的心理状态。相比较而言，两种思路既有共同之处，也有很大区别。既有相对不足之处，也都为我们进一步认识和研究理论自信的科学内涵提供了理论基础。

（二）理论自信的基本要素

要素是事物的基本组成部分，也是对事物进行分析的基本参照。通过以上对学术界关于理论自信研究的综述，不难发现，无论是对理论自信的广义解读，还是对理论自信的狭义解读，都表现出了对理论自信要素的识别和关注。

顾名思义，理论自信是指理论主体对某些理论的信心。从理论自信的概念可知，理论自信是由理论自信主体、理论自信客体以及理论自信主体对理论自信客体的心理状态三个要素构成。三者之间互相联系，互相支撑，互相影响，构成认识和理解理论自信的基本问题。基于此，我们在吸收了学术界两种认识思路共性的基础上，首先从一般意义上对理论自信的要素进行分析。

1.理论自信主体

自信是主体的一种主观心理状态，自信离不开特定的主体。在这一点上，学术界关于理论自信内涵解读的两个流派达成了一致。但是二者在理论自信的内涵和范围是什么上出现了分野。从哲学上看，主体是指具有思维能力，从事社会实践和认识活动的人。主体具有两个基本特征，一是必须是人而非动物；二是必须有特定的思维和活动能力。就理论自信而言，对理论自信的广义解读只是提出了理论自信主体这一范畴，对其内涵及所指并没有给出说明。对理论自信的狭义解读则结合中国特色社会主义理论的具体语境，认为理论自信主体是一种人格化代表，理论自信就是这些人格化代表对理论的信心，就是指这些人格化代表相信、信任理论，坚持运用和发展理论。所有这些,都为我们深刻认识理解和探讨理论自信主体,进一步研究和揭示理论自信主体的内涵、范围和边界等基本问题提供了平台和基础。

2.理论自信客体

客体是实践和认识活动所指向的对象。就理论自信而言,既然存在理论自信主体,就必然有理论自信客体,而且从字面意义来看,理论自信的客体显然只能是理论本身。但如果再深入分析,理论是什么,有哪些规定,有哪些边界? 在这一点上,对理论自信的广义解读进行了模糊处理,没有给出进一步的说明。但是对理论自信客体的识别和关注为我们提出了进一步研究的问题和方向。对理论自信的狭义解读在回答这一问题时,不同学者根据不同语境给出了不同的答案,分别将其定位为中国特色社会主义理论体系、毛泽东思想、马克思主义等内容。从理论上看,这些不同答案背后所包含的分析问题的思路为我们深刻认识理论自信的科学内涵提供了参考和借鉴,也向我们提出了在什么样的参考系下来认识理论自信等深刻问题。

3.主体对客体的心理状态

理论自信不仅包括自信的主体与客体,还包括主体与客体的关系。从概念来看,理论自信主体与客体的关系由"自信"二字规定;从概念的属性来看,自信是一种心理和情感的表示。因此,在对理论自信的内涵进行解读时,从主体与客体相互关系的视角来看,其主要关注主体对客体的主观心理状态。即理论自信主体应对理论自信客体持一种什么样的心理状态。

(三)剖析理论自信内涵的方法论要求

从一般意义上来说,理论自信是对一种特定的理论所持有的自信态度。然而,仔细想来,究竟是什么人对什么理论持有了怎么样的心坤状态,这一方面取决于理论自信所在的特定语境,另一方面受特定理论所对应的具体工作的影响和制约。因此,离开一定的语境,从抽象上准确讨论理论自信的特定内涵,是十分艰难的。但是从方法论角度对如何界定理论自信这一抽象概念进行思考和研究,对我们厘清特定语境下的理论自信概念具有方法论意义和重要启示。因此,我们从方法论角度,在马克思主义认识和实践相互关系原理的指导下,从逻辑层面来探讨研究理论自信内涵的理论要点。

1.对理论自信内涵的解读,需要建立一个宽广的研究视野

理论自信是一个抽象概念,如果仅仅从其本身来理解其内涵,便难以对理论自信所涉及的边界进行准确界定。然而,理论自信不是一个孤立的概念,它不仅和理论自觉、理论建设、理论武装、理论指导等概念紧密联系,和这些概念一同以子概念的身份构成关于理论概念的体系;而且还因理论与实践的相互作用关系,同实践域内相关概念存在着难以分割的联系,作为理论与实践相互作用过程中的一个环节而存在,并对理论对实践的作用效果产生持续影响。所有这些因素的存在和作用,共同影响着理论自信存在和作用的方式和效果,共同对坚定理论自信不断提出新要求。这种情况下,从方法论意义上讲,对理论自信内涵的解读,需要突破理论自信本身,以一个更加广阔的视野,将理论自信放到理论与实践的相互作用的过程中来审视,围绕理论自身的功能和作用来分析,要结合理论自信与理论价值实现的相互关系,聚焦理论自身价值实现对于理论自信所提出的内在要求来理解。

2.对理论自信内涵的解读,要围绕理论对实践发挥指导作用来展开

认识和实践的关系是马克思主义哲学的基本关系,也是我们认识理论的功能和作用的基本依据,更是我们认识理论自信内涵的逻辑起点。马克思主义认为,理论产生于实践,根源于实践发展的需

理论自信:扎根中国沃土的思维之花

88

要。"理论的生命力,很大程度上取决于它能否成为一个时代的思想旗帜,能否成为社会成员的价值取向,能否影响人民群众的行为方式。"由此看来,理论只有坚持为实践服务的正确方向,才能保持自身的生机与活力,使理论之树常青。

理论自信是理论延伸和拓展而出的概念,因此,从总体定位上看,理论自信要服务于理论的作用发挥。对理论自信内涵的解读,要放到理论对实践发挥指导作用的格局来展开。以中国特色社会主义理论自信所包含的心理状态为例,由于中国特色社会主义实践是一个不断展开的历史过程,从中国特色社会主义实践中总结形成的中国特色社会主义理论体系也是个不断丰富的开放体系。因此,中国特色社会主义理论体系围绕中国特色社会主义实践发挥指导作用的过程是一个连续不断的动态过程。从这一角度来看,坚定中国特色社会主义理论自信也是一个动态过程,在这一动态过程中坚定对中国特色社会理论自信,就不仅包括对理论自身的科学性充满信心,还包括对理论自身的实践效果充满信心;不仅包括对理论现实发展和现实指导效果充满信心,还包括对理论自身的发展前景充满信心。由此看来,对理论自信内涵的解读,要围绕理论对实践发挥指导作用来展开。

3.对理论自信内涵的解读,要聚焦到理论对实践发挥影响作用的方式原理来展开

从这一意义而言,无论是对理论自信主体的探讨,还是对理论自信客体的探讨,都要聚焦到理论对实践发挥影响作用的方式原理来展开,凡是理论对实践发挥指导作用且产生广泛深刻影响的因素,都应纳入理论自信的概念体系。比如,在探索中国特色社会主义理论自信的客体时,尽管中国特色社会主义理论体系本身是在中国特色社会主义实践进程中产生的科学理论体系,是正在进行的中国特色社会主义伟大事业的根本指南,因此,毫无疑问是中国特色社会

主义理论自信的客体。但是,如果从中国特色社会主义理论自信围绕中国特色社会主义事业发挥指导作用的方式和原理来看,又不能将中国特色社会主义理论自信的客体仅仅理解为中国特色社会主义理论体系本身。因为,中国特色社会主义理论体系也是在马克思主义指导下形成的,是将马克思主义基本原理创造性运用于中国社会主义建设中所形成的科学理论体系,马克思主义的基本立场、观点和方法,不仅对开创中国特色社会主义具有重要指导价值,而且对于新形势下继续推进中国特色社会主义现代化建设也具有重要指导价值。因此,不仅人们对中国特色社会主义理论体系的态度会影响到中国特色社会主义事业的发展,人们对马克思主义是否自信,也会影响到正在推进的中国特色社会主义事业。因此,如果从理论围绕实践发挥影响作用的方式原理来看,马克思主义也应纳入中国特色社会主义理论自信的客体范畴内来认识。

二、中国特色社会主义理论自信的科学内涵

理论的价值在于指导实践,而理论自信是理论对实践发挥指导作用的关键因素。理论指导是否得力,理论指导效果如何,都与特定主体对理论的态度密切相关。就这一意义而言,研究和界定中国特色主义理论自信的科学内涵,要放在坚持和发展中国特色社会主义的格局下来进行,围绕与中国特色社会主义建设密切相关、对中国特色社会主义建设具有指导价值的科学理论,如何充分发挥对中国特色社会主义实践的引领和导向作用,从实践主体对指导理论态度这一视角出发,从主体、客体和主体对客体的心理状态三个层面揭示中国特色社会主义理论自信的基本内涵。

（一）中国特色社会主义理论自信的主体

理论指导实践的过程，就是特定主体将某种理论运用于实践活动中，在理论的指导下进行改造世界的实践活动的过程。理论应用于实践、指导实践的过程离不开特定的主体。理论自信就是运用理论开展实践活动的特定主体，对所运用理论的一种自信的心理态度。理论对实践的指导作用发挥得是否充分，理论指导是否得力，都与特定主体对理论的态度密切相关。人民是推动发展的根本力量，这是马克思主义的一条基本原理。以中国特色社会主义理论体系为指导建设中国特色社会主义，必须坚持人民主体地位，紧紧依靠最广大的人民群众。广大人民群众，不仅是中国特色社会主义建设的参与者，也是中国特色社会主义理论体系的学习者和应用者。在当代中国，一切赞成、支持和参加中国特色社会主义建设的阶级、阶层和社会力量，都属于人民的范畴，都是中国特色社会主义建设的依靠力量。因此，包括中国共产党、工人农民知识分子和广大新的社会阶层在内的广大人民群众，构成了中国特色社会主义理论自信的主体。

1.中国共产党是中国特色社会主义理论自信的核心主体

自信是一种自觉和能动的主体性活动，是主体对自己的理论和实践的积极肯定的评价和坚信不疑的态度，是主体对自己的理论和实践的未来发展充满信心的精神状态和为了实现理想的责任担当。从中国特色社会主义理论体系对正在推进的中国特色社会主义伟大实践发挥引领和导向作用来看，理论自信的主体，是中国特色社会主义理论体系的接受者和应用者，也是中国特色社会主义实践的积极参与者和推动者。

从中国特色社会主义理论体系来看，中国特色社会主义理论体系是对中国特色社会主义道路探索和制度探索的理论抽象和概括、经验总结和提升。中国共产党是用马克思主义科学理论武装起来的政党,作为马克思主义中国化的最新理论成果,中国特色社会主义理论体系是中国共产党将马克思主义基本原理和中国改革与建设实际相结合,在推进中国特色社会主义伟大事业的历史进程中所创立的理论成果。以毛泽东为核心的第一代中央领导集体,历经中国特色革命道路的实践和探索,建立了社会主义制度,为中国特色社会主义建设道路奠定了政治前提和制度基础。改革开放后,党的历代领导集体分别围绕着对"什么是社会主义、怎样建设社会主义""建设什么样的党、怎样建设党""实现什么样的发展、怎样发展""新时代坚持和发展什么样的中国特色社会主义、怎样坚持和发展中国特色社会主义"等基本理论和实践问题的回答,先后创立了邓小平理论、形成了"三个代表"重要思想和科学发展观、创立了习近平新时代中国特色社会主义思想等重要理论成果,党的十五大、十六大、十八大、十九大分别把这些理论确立为党的指导思想。

从中国特色社会主义建设实践来看,中国特色社会主义最本质的特征就是中国共产党的领导。用马克思列宁主义、毛泽东思想和中国特色社会主义理论体系武装起来的中国共产党是中国特色社会主义的领导力量,是实现中华民族伟大复兴的中流砥柱。中国共产党对于中国革命、改革和建设事业的领导地位,是历史发展的必然。历史已经并将继续证明,中国共产党是中国人民的主心骨,是中华民族的中流砥柱,是战胜一切艰难险阻的坚强领导核心。当代中国所面临的难题更具复杂性、艰巨性,改革所触及的矛盾更加深层,涉及的各阶层利益关系更加复杂,推进改革的阻力、风险和难度前所未有。办好中国的事情,回应人民对美好生活的殷切期待,经受严峻的时代考验,全面建成小康社会,需要中国共产党作为中国特色社会主义事业的坚强领导核心,充分发挥党在中国特色社会主义建设中总揽全局、协调各方的领导核心作用。没有中国共产党的坚强领导,中国必将错失发展机遇;没有中国共产党的坚强领导,国家将动荡不安;没有中国共产党作为社会主义事业的坚强领导核心,将无法实现 2020 年全面建成小康社会的奋斗目标。这正如习近平总书记所强调的那样,实现中华民族伟大复兴,关键是使中国共产党始终成为中国特色社会主义事业的坚强领导核心。

毫无疑问,用马列主义、毛泽东思想和中国特色社会主义理论体系武装起来、在中国特色社会主义建设中起领导作用的中国共产党,在中国特色社会主义理论体系对实现自身价值的过程中处于关键地位。中国共产党对中国特色社会主义所持的心理状态,对于中国特色社会主义理论体系引领和指导中国未来发展的作用效果有根本性影响,是中国特色社会主义理论体系在实践中实现自身价值的决定因素。从这一意义来说,中国共产党理所当然应成为中国特色社会主义理论自信的核心主体。需要指出的是,作为一种主体形式,中国共产党不是单一主体,而是综合主体,其组成是多元的,包括:以毛泽东、邓小平、江泽民、胡锦涛、习近平等为代表的党的领导人,在政府机关、高校、科研机构或报刊、宣传机构从事中国特色社会主义研究、教学和宣传的党内知识分子、大量的普通党员干部个体以及各级党组织等。

2.工人农民知识分子是中国特色社会主义理论自信的关键主体

任何实践活动的开展都需要科学理论的指导,方能事半功倍,少走弯路。中国特色社会主义理论体系是中国共产党在改革开放和建设中国特色社会主义伟大实践中产生的中国化的马克思主义,建设中国特色社会主义必须以中国特色社会主义理论体系为指导思想。理论只有被人民群众掌握,才能在建设中国特色社会主义的实践过程中发挥其应有的指导作用。因此,在理论建设、理论创新、理论武装和理论指导的整个流程中,参与中国特色社会主义建设的力量主体都是中国特色社会主义理论自信的密切相关者,只有大家都坚持中国特色社会主义理论体系不动摇,高举中国特色社会主义伟大旗帜和坚持中国特色社会主义道路,我们的事业才有保障。

中国特色社会主义是亿万人民自己的事业,所以人民必须发挥主人翁精神,真正当家作主。其中,工人阶级是我国的领导阶级,是我们党最坚实最可靠的阶级基础。我国宪法明确规定:"中华人民共和国是工人阶级领导的、以工农联盟为基础的人民民主专政的社会主义国家。"工人阶级是社会化大生产的产物,是中国先进生产力和先进生产关系的代表,是在革命斗争中最坚决、最彻底的阶级,是最有远见、最有远大前途的阶级,是思想觉悟最高、最大公无私的阶级,是最富有组织性、纪律性和团结精神的阶级。中国共产党自创立之始,就把工人阶级当作自己的阶级基础,党要领导中国革命和建设走向胜利,就必须始终不渝地全心全意依靠工人阶级。坚持和发展中国特色社会主义,必须全心全意依靠工人阶级、巩固工人阶级的领导地位,充分发挥工人阶级的主力军作用。

广大农民不但是我国新民主主义革命的主力军,而且是我国社会主义现代化建设和改革开放中人数最多的依靠力量。这取决于我国的基本国情。1992年邓小平同志发表南方谈话时说,农村搞家庭联产承包,这个发明权是农民的。农村改革中的好多东西,都是基层创造出来,我们把它拿来加工提高作为全国的指导。我国是一个有着13亿人口的大国,解决好十几亿人口的吃饭问题,始终是治国安邦、实现稳定和发展的基础。同时,我国又一直是一个农业大国,农业在国内生产总值中的比重和农业从业人员占全部从业人员的比重都很高。据统计,2016年末全国内地总人口为13.8271亿人,城镇人口占总人口比重虽然已上升到57.35%,但乡村常住人口仍达5.8973亿人。显然,即使将来基本实现现代化了,我国城镇化率达到70%甚至更高,也还会有上亿劳动力从事农业、好几亿人口生活在农村。这种情况下,农业基础稳固,农村和谐稳定,农民安居乐业,整个大局就有保障,各项工作都会比较主动。依靠广大农民,调动农民的积极性、创造性,关系着改革开放和社会主义现代化事业的大局。

　　"知识分子是工人阶级的一部分",是指我国知识分子作为中国工人阶级中掌握科学文化知识较多的、主要从事脑力劳动的一个群体,他们是人类科学文化知识的重要继承者和传播者,是先进生产力的开拓者,是美好精神产品的重要创造者,是教育科学文化工作的基本力量,在改革开放和现代化建设中承担着重大的历史责任,并起着重要的推动作用。知识分子也要在积极投身建设中国特色社会主义伟大事业的同时,不断地加强学习,不断提高自身的素质和水平,把所掌握的先进科学文化知识运用到建设中国特色社会主义的伟大实践中,同广大工人、农民和全国各族人民一道,为中华民族的振兴建功立业。

　　由此可见,工人、农民和知识分子是我国人民群众的最大多数,是社会主义劳动者的主体,是建设中国特色社会主义事业的根本力量。理论自信的最终目的并不是停留在观念和理论形态,而是要实现观念和理论形态向实践形态的转化,实现精神力量向物质力量的转化。中国特色社会主义理论体系只有融入广大工人、农民和知识分子之中,才能产生巨大的能量,才能得到延续和发展。只有广大工人农民知识分子坚定中国特色社会主义的理论自信,理论才能更充分地发挥其对于中国特色社会主义现代化建设的指导作用。从这一意义上看,工人农民知识分子也是中国特色社会主义理论的主体,是中国特色社会主义理论的关键主体。如果不为广大工人农民和知识分子所掌握,即使是最好的东西,即使是马克思列宁主义,也是不起作用的。

　　3.新的社会阶层是中国特色社会主义理论自信的补充主体

　　马克思曾指出:"理论一经掌握群众,也会变成物质力量。"这一论述从精神变物质的视角揭示了群众在理论转化为物质力量过程中的中介作用,为我们进一步分析中国特色社会主义理论自信的主体提供了理论依据。中国特色社会主义理论体系,涉及中国特色社会主义实践的方方面面，对分布在中国特色社会主义建设实践各个地区、各个领域、各个方面的工作都具有指导意义。而对中国特色社会主义实践具有广泛、深刻指导作用的理论，只有被各个地区、各个领域、各个方面的实践者所认知、认同和接受，才能成为实践指南，转化为物质力量，其价值和魅力才能凸显。

新的社会阶层是中国特色社会主义事业的建设者。人民是推动发展的根本力量，这是马克思主义的一条基本原理。建设中国特色社会主义，必须坚持人民主体地位，紧紧依靠最广大的人民群众。在当代中国，一切赞成、支持和参加中国特色社会主义建设的阶级、阶层和社会力量，都属于人民的范畴，都是中国特色社会主义建设的依靠力量。推进中国特色社会主义事业，实现全面建成小康社会的宏伟目标，必须巩固和发展最广泛的爱国统一战线，把一切社会主义劳动者、社会主义事业的建设者、拥护社会主义的爱国者和拥护祖国统一的爱国者紧密团结起来，形成广泛、强大、持久的力量支持。

改革开放以来，随着我国由计划经济体制向社会主义市场经济体制的转型，以民营科技企业的创业人员和技术人员、受聘于外资企业的管理技术人员、个体户、私营企业主、中介组织的从业人员和自由职业人员为代表的新的社会阶层，逐渐从我国工人、农民和知识分子中间分化出来，他们不仅为社会创造了大量的物质财富，为国家增加了财政收入，也以自主择业或者以自主创业招工的方式，吸纳了很大一部分待业人员和公有制部门的富余人员，从而扩大了就业门路，缓解了就业压力，为维护社会稳定作出了积极的贡献。此外，新的社会阶层中的不少人，自己富了不忘国家，不忘社会，积极参加"希望工程""光彩事业"等社会公益活动，以各种方式回报社会，为社会公益事业作出了积极贡献。

从对中国特色社会主义事业的长远发展来看，新的社会阶层在中国特色社会主义建设中的积极作用，决定了他们已成为推动我国经济发展的一支重要力量，成为中国特色社会主义事业的建设者。将新的社会阶层纳入中国特色社会主义理论自信主体范畴，作为中国共产党和中国工人、农民和知识分子的必要补充，坚定他们对马克思主义、毛泽东思想和中国特色社会主义理论体系的自信，有利于把全党全国各族人民凝聚在中国特色社会主义伟大旗帜下，有利于以更加奋发有为的精神状态全面建成小康社会、全面深化改革开放，有利于在复杂的世界格局中彰显自身特色、开辟发展前景。

（二）中国特色社会主义理论自信的客体

在哲学上，客体是实践和认识活动所指向的对象。就中国特色社会主义理论自信而言，既然存在理论自信主体，就必然有理论客体。而且客体显然只能是理论本身。党的十九大修改的党章明确规定：中国共产党以马克思列宁主义、毛泽东思想、邓小平理论、"三个代表"重要思想和科学发展观、习近平新时代中国特色社会主义思想作为自己的行动指南。这为我们分析中国特色社会主义理论自信的客体提供了依据。中国特色社会主义事业的开创和推进，是立足于中国独特国情，以马克思主义之"矢"射中国实际问题之"的"的结果。用发展着的马克思主义指导新的实践，是我们党的鲜明特征和根本优势，也是我们党高度理论自信的体现。在中国共产党90多年的历史中，我们党始终坚持把马克思主义基本原理同中国实际、时代特征、人民愿望相结合，大力推进实践基础上的理论创新，创立了毛泽东思想和中国特色社会主义理论体系，实现了党的指导思想与时俱进，从而指导中国革命、建设、改革事业不断前进。由此可见，马克思列宁主义、毛泽东思想、中国特色社会主义社会主义理论体系一同构成中国特色社会主义理论自信的客体。

1.中国特色社会主义理论自信的客体集中体现为中国特色社会

主义理论体系

　　在当代中国,坚持理论自信,首先是坚持对中国特色社会主义理论的高度自信。中国特色社会主义理论体系包括邓小平理论、"三个代表"重要思想以及科学发展观和习近平新时代中国特色社会主义思想四个既一脉相承又与时俱进的主要内容,是对马克思列宁主义、毛泽东思想的继承和发展。这一内容体系是中国共产党在改革开放和建设中国特色社会主义伟大实践中产生的中国化马克思主义,它在新的时代条件下系统回答了"什么是社会主义、怎样建设社会主义""建设什么样的党、怎样建设党""实现什么样的发展、怎样发展"等重大理论和实际问题,科学阐明了中国特色社会主义的思想路线、发展道路、发展阶段、根本任务、发展动力、发展战略、依靠力量、国际战略、领导力量等重大问题。其中,邓小平理论提出并初步回答了"什么是社会主义、怎样建设社会主义"的问题,确立了中国特色社会主义理论体系的基本框架,形成了中国特色社会主义理论体系的基础部分。"三个代表"重要思想进一步回答了"什么是社会主义、怎样建设社会主义"的问题,创造性地回答了"建设什么样的党、怎样建设党"的问题,在中国特色社会主义理论体系中起着承上启下的作用。科学发展观正确回答了"实现什么样的发展、怎样发展"这一关系到中国未来前途和命运的重大问题,从而把对"什么是社会主义、怎样建设社会主义"和"建设什么样的党、怎样建设党"的认识提到了一个新的高度,进一步丰富和发展了中国特色社会主义理论体系。习近平新时代中国特色社会主义思想,深刻把握我国发展新的历史方位和党的历史使命,从理论和实践结合上系统回答了新时代坚持和发展什么样的中国特色社会主义、怎样坚持和发展中国特色社会主义这个重大时代课题,开辟了马克思主义中国化新境界,开辟了中国特色社会主义新境界,开辟了治国理政新境界,开辟了管党治党新境界。

由此可见,中国特色社会主义理论体系集中体现了当今世界和当代中国的发展变化对党和国家工作的新要求,是我们党继续励精图治、开拓进取的行动指南。从理论自信对理论指导实践发挥服务保障作用,促进理论引领、推进实践更好发展而言,建设中国特色社会主义,首先要对中国特色社会主义理论体系自身充满信心,坚定地相信内容丰富、博大精深的中国特色社会主义理论体系是中国特色社会主义建设和发展规律的反映,是指导党和人民沿着中国特色社会主义道路实现中华民族伟大复兴的正确理论,坚持中国特色社会主义理论体系不动摇,为走中国特色社会主义道路,高举中国特色社会主义伟大旗帜提供思想保证和力量保障。

2.中国特色社会主义理论自信的客体含蕴着马列主义和毛泽东思想

作为马克思主义中国化最新成果,中国特色社会主义理论体系不是无源之水,也不是无本之木,而是有着很深的理论渊源。其中,马克思主义是我们立党立国的根本指导思想,也是我们进行理论建设和理论指导的认识论和方法论基础。中国特色社会主义理论体系,是运用马克思主义基本原理指导、分析和解决中国当代的实际问题而形成的科学理论体系。1982年9月1日,邓小平在中国共产党第十二次全国代表大会开幕词中指出,把马克思主义的普遍真理同我国的具体实际结合起来,走自己的道路,建设有中国特色的社会主义,这就是我们总结长期历史经验得出的基本结论。马克思主义所承载的那种追求全人类的解放和实现人的全面发展的价值追求,所蕴含的那种资本主义必然灭亡和共产主义必然胜利的理论力量,以及历史唯物主义和辩证唯物主义中所包含的阶级分析法、辩证法、矛盾分析法、实践的观点等一系列观点和方法,不仅为当时的中国革命指出了方向和道路,也引发了中国共产党人在建设社会主义时思维上的革命,使得共产党能够在面对各种困难挑战之时找到生存和发展壮大的机遇，而且在改革开放后40年的时间里，开创了中国特色社会主义道路，形成了中国特色社会主义理论体系、中国特色社会主义制度。

毛泽东思想是以毛泽东为主要代表的中国共产党人，把马克思列宁主义的基本原理同中国革命的具体实践结合起来形成的科学理论体系，是马克思列宁主义在中国的运用和发展，是被实践证明了的关于中国革命和建设的正确的理论原则和经验总结，是中国共产党集体智慧的结晶。毛泽东思想是马克思主义中国化、时代化、大众化的优秀成果，其精髓——实事求是是我们党的理论核心、本质和思想路线，也紧紧贯穿于邓小平理论、"三个代表"重要思想、科学发展观、习近平新时代中国特色社会主义思想之中。中国特色社会主义理论体系作为马克思主义中国化的第二次飞跃，是以其第一次飞跃为基础的，因此，绝对不能割裂毛泽东思想与中国特色社会主义理论体系的联系。

总之，中国特色社会主义是和马克思列宁主义、毛泽东思想一脉相承的，是对马克思列宁主义和毛泽东思想的继承和发展。坚持马克思列宁主义和毛泽东思想的指导地位是中国共产党取得辉煌成就的根本原因，是关系党和国家前途命运的根本问题，是中华民族实现伟大复兴、中国人民走向美好未来的思想保证。马克思列宁主义、毛泽东思想也理所应当地成为我们进行理论建设和理论指导的信仰根基。由此可见，中国特色社会主义理论自信的客体含蕴着马克思列宁主义、毛泽东思想，马克思列宁主义、毛泽东思想是中国特色社会主义理论自信的根源性客体。增强中国特色社会主义理论自信，马克思列宁主义、毛泽东思想一定不能丢，丢了就丧失根本，中国特色社会主义理论自信就成了无源之水，无本之木。

3.习近平新时代中国特色社会主义思想是中国特色社会主义理论自信客体的新发展

恩格斯曾指出:"马克思的整个世界观不是教义,而是方法。它提供的不是现成的教条,而是进一步研究的出发点和供这种研究使用的方法。"①来源于实践的理论,其生命力在于不断随着实践的发展而发展。中国特色社会主义是一个不断展开的历史进程,产生于中国特色社会主义伟大实践的中国特色社会主义理论体系也是一个开放的理论体系。与之相对应,中国特色社会主义理论自信的客体也需要随着实践的发展和理论的丰富而动态发展。实践发展永无止境,理论创新也永远止境,理论自信客体的更新也永无止境。

今天,时代变化和我国发展的广度和深度远远超出了马克思主义经典作家当时的想象。没有哪个时代像今天这样,迫切需要科学理论的指导,迫切需要正确思想的引领。发展的实践呼唤发展的理论。党的十八大以来,以习近平同志为核心的党中央毫不动摇坚持和发展中国特色社会主义,把马列主义与中国道路实际相结合,以宽广的视野洞察世情、国情、党情的发展变化,从历史和现实、理论和实践、国内和国际等的结合上进行思考,从我国社会发展的历史方位上来思考,从党和国家事业发展大局出发进行思考,围绕新时代坚持和发展什么样的中国特色社会主义、怎样坚持和发展中国特色社会主义这一重大时代课题,坚持以马克思列宁主义、毛泽东思想、邓小平理论、"三个代表"重要思想、科学发展观为指导,坚持解放思想、实事求是、与时俱进、求真务实,坚持辩证唯物主义和历史唯物主义,紧密结合新的时代条件和实践要求,以全新的视野深化对共产党执政规律、社会主义建设规律、人类社会发展规律的认识,进行艰辛理论探索,取得重大理论创新成果,创立了习近平新时代中国特色社会主义思想。

---

① 《马克思恩格斯文集》第 10 卷,人民出版社,2009 年,第 691 页。

习近平新时代中国特色社会主义思想，凝聚了新一代共产党人的深邃思考和远见卓识，进一步深化了我们党对"三大规律"的认识，是中国革命、建设、改革的历史逻辑、理论逻辑和实践逻辑的贯通结合，是马克思主义中国化最新成果，是党和人民实践经验和集体智慧的结晶，是中国特色社会主义理论体系的重要组成部分，是全党全国各族人民为实现中华民族伟大复兴而奋斗的行动指南，是中国特色社会主义理论自信客体的新发展，为在新时代深化改革开放、决胜全面建成小康社会、加快推进社会主义现代化和实现中华民族伟大复兴提供了科学理论指导和行动指南。

（三）主体对客体的心理状态

中国特色社会主义理论自信不仅包括理论自信主体和理论自信客体，还包括主体对客体的心理状态，即中国特色社会主义理论自信主体对中国特色社会主义理论自信客体持有一种坚信不疑的心理状态。从这一层面来研究中国特色社会主义理论自信，实质上就是聚焦"自信"，从自信内涵和外延的视野下来剖析主体与客体的内在关系，尤其是主体对客体的心理态度。从这一视角来看，中国特色社会主义理论自信是理论自信主体以清醒的理论自觉为前提、以实践检验为根据、以理论的创新发展为保障、以实现人民的解放为根本价值取向，对自己所坚持的理论的信心、信念和信仰。中国共产党人的马克思主义的理论自信，是以对中国化的马克思主义的高度理论自觉为前提，以中国革命、建设、改革的实践检验为根据的马克思主义理论自信，表现为对包括中国化马克思主义在内的马克思主义的坚定信仰，对其科学性及价值的坚定信念，对其能够科学回答在中国特色社会主义道路上遇到的重大理论问题、现实问题的能力——既包括对各种理论、社会思潮的积极对话沟通和合理扬弃能力，又包括对各种反马克思主义思潮的应对能力的坚定信心。

1.对理论自身的科学性充满信心

中国特色社会主义理论体系集中体现了当今世界和当代中国的发展变化对党和国家工作的新要求,是我们党继续励精图治、开拓进取的行动指南。从主体对客体所持心理状态来看,中国特色社会主义理论自信首先意味着对中国特色社会主义理论体系自身科学性的自信。也就是说,坚定地相信中国特色社会主义理论体系是对中国特色社会主义建设规律、人类社会发展规律、共产党执政规律的深刻揭示,反映了社会历史发展的普遍规律,符合人类历史发展的一般趋势;相信中国特色社会主义理论体系是指导党和人民沿着中国特色社会主义道路实现中华民族伟大复兴的正确理论,是在把握规律基础上的对未来社会制度的合理设计,是立足时代前沿、与时俱进的理论体系;相信中国特色社会主义理论体系是马克思主义基本原理同当代中国实际和时代特征相结合的产物,是与马克思列宁主义、毛泽东思想既一脉相承又与时俱进的科学理论体系。只有这样,才能在思想和行动上坚持马克思主义的指导地位毫不动摇,坚持中国特色社会主义理论体系指导地位毫不动摇,在改革开放和中国特色社会主义伟大实践中坚定不移地推动理论创新,这不仅是我们围绕中国特色社会主义事业推进理论建设和理论指导的坚强保证,也是充分发挥中国特色社会主义理论体系对于中国特色社会主义建设引领和指导作用的有力支撑。

2.对理论自身的实践效果充满信心

马克思曾指出,"哲学家们只是用不同的方式解释世界,问题在于改变世界"①,马克思主义哲学不是仅仅是解释世界的经院哲学、传统哲学,而是以破坏旧世界、创造新世界为己任的新型哲学、现代哲学。毛泽东在指导中国革命时也强调,如果有了正确的理论,只是把它空谈一阵,束之高阁,并不实行,那么,这种理论再好也是没

① 《马克思恩格斯文集》第 1 卷,人民出版社,2009 年,第 502 页。

有意义的。这些经典论述，不仅从理论和实践关系角度强调了理论对于实践的重要作用，也揭示出实践对于理论的终极价值，为我们理解理论自信提供了新的视角。

理论的提出源于问题，理论的魅力和感召力来自解决问题。我们党自成立之日起，就自觉地把马克思主义作为认识和解决中国问题的思想武器，创造性地把马克思主义普遍真理同中国实际相结合，不失时机地解答"站起来""富起来""强起来"等时代课题，探索并最终找到中华民族复兴之路。理论在一个国家实现的程度，总是决定于理论满足这个国家的需要的程度。对理论的自信正是源于理论满足了我们国家革命、建设和改革的需要。产生于我国改革开放和社会主义现代化建设实践进程中的中国特色社会主义理论体系，在形成后又成为指导我国改革开放和现代化建设的科学指导思想，引领和指导中国特色社会主义事业取得了巨大成功。从为理论指导实践提供有利条件和有力支撑的角度来看，对理论本身在引领实践和改造世界的效果充满信心，也有利于坚持中国特色社会主义理论体系不动摇，有利于把全党全国各族人民凝聚在中国特色社会主义伟大旗帜下，有利于我们以更加奋发有为的精神状态积极投身中国特色社会主义现代化建设的伟大征程，有利于我们坚定不移地运用中国特色社会主义理论体系应对重大挑战、抵御重大风险、克服重大阻力、解决重大矛盾，有利于在复杂的国际国内形势中开辟中国特色社会主义新境界。从这一意义来说，不断用中国化的马克思主义指导解决中国的现实问题，是我们党之所以不断制胜的"密钥"，也是我们增强理论自信的根基。中国特色社会主义理论自信，从主体对客体所持心理状态而言，不仅包括对中国特色社会主义理论自身的科学性充满信心，也包括对中国特色社会主义理论自身的实践效果充满信心。

3.对理论自身的发展前景充满信心

一个政党坚持理论上的自信,应当表现为对其指导理论在思想上的高度信仰和行动上的努力实践,还应当表现在能够根据历史变迁和社会进步对其坚守的指导理论不断进行发展。中国共产党在成立时便把马克思主义写在了自己的旗帜上,经过90多年的风雨历程,党在坚信马克思主义这个颠扑不破的科学真理的同时,更坚信马克思主义必须随着实践的发展而不断发展和丰富。凭借这份自信,中国共产党人坚持把马克思主义基本原理与不同时期中国的具体实际和时代特征相结合,实现了马克思主义中国化的两次历史性飞跃,形成了毛泽东思想和中国特色社会主义理论体系这两大理论成果。在毛泽东思想的指引下,党带领人民实现了民族独立和解放,确立了社会主义基本制度;在中国特色社会主义理论体系的指导下,党带领人民开创、坚持、发展和巩固了中国特色社会主义。改革开放40年来,中国特色社会主义理论体系在不断发展的中国特色社会主义道路的实践中形成、验证、升华和完善,并逐步成为具有中国特色、中国作风和中国气派的话语体系,成为中国共产党勇于克服前进道路上艰难险阻的行动指南和回应一切来自理论上的质疑和挑衅的强大思想武器。

中国共产党人的马克思主义理论自信,不只表现为对马克思主义科学性、真理性和价值合理性的坚定信仰,而且表现为以实践为基础的创新、发展马克思主义特别是中国化马克思主义的信心,以及只要不断进行理论创新马克思主义就能永葆不竭生命力的信念。也就是坚信中国特色社会主义理论体系是马克思主义中国化的最新理论成果,随着我国改革开放和社会主义现代化建设事业的不断深化,中国特色社会主义理论体系也不断得到丰富和发展。在坚持和继承马克思主义基本原理的基础上,与时俱进地根据新的实践需要和时代要求不断推进和发展马克思主义,这也正是高度理论自信的集中表现。

三、理论自信的内在属性和品质

概念是对事物的基本规定。事物的概念不仅包括事物的基本要素，也包含事物的基本属性。理论自信也是一样。因此，对理论自信这一概念进行解读，不仅要在从方法论层面掌握观察和分析中国特色社会主义理论自信的一般思路的基础上，按照解读理论自信普遍内涵的逻辑要求，来深入理解中国特色社会主义理论自信的主体是什么，客体有哪些，以及主体对客观应持有怎样的心理状态等基本问题，还要通过进一步跳出中国特色社会主义理论自信这一概念的各个要素，在把握要素间内在关系的基础上，进一步来揭示中国特色社会主义理论自信的基本属性。也即中国特色社会主义理论自信是一种怎么样的自信。就此视角而言，中国特色社会主义理论自信是基于科学品格，对中国特色社会主义理论体系科学性的一种自信；是基于价值立场，对中国特色社会主义理论体系所包含的正确的人民立场的一种自信；也是对比西方的发展理论、非马克思主义的理论，对中国特色社会主义理论体系更适合中国的国情、更能推动中国发展的一种自信。

（一）中国特色社会主义理论自信是基于科学品质的自信

从理论自信的基本内涵来看，理论自信是理论自信主体对理论自信客体坚信不疑的一种心理状态。每一个政党都有自己所信仰的理论，它是一个政党的灵魂和旗帜。因为坚信自己所信仰的理论的科学性、正确性，坚信自己所信仰的理论对本民族、政党具有巨大价值，所以在认识世界和改造世界的实践中，就坚定地以自己所信仰的理论为指导。理论由于其科学性而具有和散发巨大的力量,这种力量是理论自信的根本。中国特色社会主义是当代中国发展和进步的方向,是中国共产党领导和带领广大人民团结奋斗的旗帜。中国特色社会主义理论体系是中国特色社会主义的重要组成部分,是中国特色社会主义的行动指南。改革开放40年来之所以取得成功,也因为中国特色社会主义本身所具有的真理光芒。中国共产党始终把中国特色社会主义理论体系作为自己的行动指南,并坚持在实践中不断丰富和发展中国特色社会主义理论体系,坚持做中国特色社会主义理论体系的忠实信仰者、坚定捍卫者、伟大实践者,根本上就在于中国特色社会主义理论体系本身所具有的真理威力和所散发的真理光芒。我们信仰的理论,乃是普遍真理,这是我们坚定理论自信的最大理由。

中国特色社会主义理论体系的科学性和真理性,集中地体现在它既坚持了科学社会主义的基本原则,又根据我国实际和时代特征被赋予鲜明的中国特色。一方面,由于它和马克思列宁主义、毛泽东思想一脉相承,是当代中国的马克思主义,马克思主义的真理性决定了中国特色社会主义理论体系的科学性;另一方面,其鲜明的中国特色已成为改革开放以来中国社会主义建设实践的经验总结和理论指导,并被中国改革开放和社会主义现代化建设的辉煌成就所证明。此外,中国特色社会主义理论体系的科学性,深刻反映了中国共产党善于认识和把握客观事物发展的规律。在不断加深规律性认知的进程中,中国特色社会主义理论体系的科学性,具体而生动地体现为中国共产党善于不断发现、提出和回答新的现实问题,不断丰富和发展新的思想和理论,使科学理论体系成为发展中的真理、包容性的理论、开放性的体系。

（二）中国特色社会主义理论自信是基于价值立场的自信

真理的本性在于对价值的渴求,价值本身就是哲学领域中最深奥最繁难的领域之一。任何理论都具有价值属性,存在"为了谁、依靠谁"等立场问题。理论是为人的,人也是为了更好地生活才去追求真理。理论自信作为一个历史过程,标志着人们行动的价值取向。以人民为中心是马克思主义哲学的基本观点和根本立场。人民群众是中国共产党的力量源泉和胜利之本。依靠人民群众的力量,中国共产党取得了革命胜利,也正是依靠人民群众的力量,中国特色社会主义理论体系引领和推动着我国改革开放和社会主义现代化建设不断取得新胜利。可以说,崇尚人民主体的价值观已深深植根于中国特色社会主义理论体系之中,成为中国特色社会主义理论自信的力量源泉。

一是把人民群众的利益切实体现在经济社会发展的各领域。改革开放 40 年来,人民群众价值观始终体现在中国特色社会主义理论体系形成和发展的全过程,是邓小平理论、"三个代表"重要思想、科学发展观以及习近平新时代中国特色社会主义思想中最有生命力的东西,是中国共产党人一切行动的出发点和落脚点。从中国特色社会主义理论体系对中国特色社会主义事业发展的指导效果来看,在党领导人民治国理政的实践中,崇尚人民主体价值观这一价值立场已经通过"有利于人民生活水平的提高""代表最广大人民的根本利益""权为民所用、情为民所系、利为民所谋""人民群众对美好生活的向往,就是我们的奋斗目标"等理念逐渐深入人心,逐渐贯穿落实到各地的政治、经济、文化、社会和生态文明建设之中,大到人民群众的政治参与、社会医疗保障,小到人民群众的衣食住行,党的所有路线方针、战略决策、改革发展和工作落实都充分彰显了人民群众的发展诉求和利益实现。中国特色社会主义理论自信是对中国特色社会主义理论体系价值的一种自信。坚持人民群众的主体地位，尊重人民群众的意愿，始终把最广大人民的根本利益作为工作的根本出发点和落脚点，这是全面推进中国特色社会主义事业的根本动力，也是中国特色社会主义理论自信最深层次的力量源泉。

二是把推动生产力的发展作为实现人民群众利益的最主要的任务。邓小平曾指出，社会主义的优越性，归根结底要靠大幅度发展社会生产力，逐步改善和提高人民的物质生活和精神生活来体现。社会主义的目的就是要全国人民共同富裕，不是两极分化。如果我们的政策导致两极分化，我们就失败了。这说明，邓小平对于两极分化、贫富悬殊存有高度的忧患意识和警觉，并主张用它作为检验和鉴别我们政策成败的价值标准。人心向背是一个政党、政权前途和命运的决定因素，也是一个理论体系能否获取人民群众认可和信任的根本原因。从历史到现实，我们的理论自信都源自"为了谁"的价值取向，我们之所以有理论自信，在于过去搞革命是为了群众，现在搞建设是为了群众，将来的一切开拓创新都是为了群众。这是我们之所以对中国特色社会主义理论体系自信的重要因素。

三是把充分依靠人民群众作为推动事业发展的力量源泉。人民群众是中国特色社会主义理论体系建构的主体。中国特色社会主义理论体系来源于人民群众探索道路的实践，中国特色社会主义理论建构的内在动力源于人民群众的理论诉求。正是由于人民群众探索中国特色社会主义的实践需要理论指导，催生了中国特色社会主义理论；人民群众探索道路过程中积累的实践经验、实践智慧，为中国特色社会主义理论体系的建构提供了基本素材。人民群众是中国特色社会主义理论体系的检验者、评判者，理论是否行得通，能否指导中国的发展，还得由人民群众的实践来检验和评判，检验的结果、效度又将推动中国特色社会主义理论体系进一步发展。人民群众的知识素养、接受能力、思维方式、审美习惯,也成为中国特色社会主义理论建构的坐标。由此可见,中国特色社会主义是人民选择的结果,人民是中国特色社会主义道路的探索者、理论的建构者、制度的维护者,人民主体力量是坚持和发展中国特色社会主义的力量源泉。就此意义而言,密切党群、干群关系,保持同人民群众的血肉联系,始终是我们党立于不败之地的根基,植根人民、与人民心连心、同呼吸、共命运,始终从人民的伟大实践中汲取智慧和力量,也是我们之所以对中国特色社会主义理论体系保持自信的重要原因。

(三)中国特色社会主义理论体系是基于比较优势的自信

正像分析理论自信内涵和要素需要建立一个宽广的视野和参照系一样,对中国特色社会主义理论自信基本属性的分析,也需要跳出理论本身,将其放到一个更大的视野下来分析。通过在某一共同视角下与相关事物的对比研究,来把握中国特色社会主义理论自信本身的属性。从这一角度而言,中国特色社会主义理论体系的历史方位不仅要放到中国近现代发展的历史进程中来审视,还需要放到当前世界的视野中来观察。在一个更加广阔的时空格局下,通过与其他理论的对比分析,来获取中国特色社会主义理论体系的比较优势,进而更加深刻地领会和理解中国特色社会主义理论自信的基本属性。

从中国特色社会主义理论形成和发展的历程来看,它本身就是历史和人民选择的结果。如果将中国特色社会主义理论体系放到生成它的马克思主义中国化的历史进程中来观察的话,则更为明显,更为清晰。历史和人民选择马克思主义中国化,不是历史的偶然性决定的,不是人民的任性导致的,而是科学社会主义理论逻辑和中国社会发展历史逻辑的内在要求。近代以来,中华民族内忧外患不断,社会一盘散沙,各派政治势力均是昙花一现,成为"其兴也勃、其亡也忽"的匆匆过客。近代以来,中国人苦苦追寻救亡图存之路,各种主义、各种理论指导下的农民革命、君主立宪制、议会制、总统制都想过了、试过了,结果都行不通,中国依然处于乱世。直到最后选择了以马克思主义及其中国化理论武装起来的中国共产党,中国才实现了由乱到治的历史转变,开启了重塑民族自信的伟大征程。

从当今世界发展的基本格局来看,相对于域外的三权分立、多党竞选、轮流坐庄等政治模式和政治理论,以及西方以非马克思主义理论为代表的各种发展理论,中国特色社会主义理论体系更适合中国的国情,更能解决中国的实际问题。这表现在很多方面,比如,从财富增长来说,中国在过去短短40年里创造了人类社会发展史上惊天动地的发展奇迹。以美元来计算,中国2016年的GDP大致相当于2个日本,3个德国,4个英国,5个印度,6个意大利,7个加拿大,8个俄罗斯。7亿多人摆脱了贫困,对全球减贫事业的贡献率达到70%。尽管西方一些人在赞扬中国的发展成就时,往往有意无意地绕开政党和意识形态因素,但是,中国共产党的领导和中国特色社会主义理论体系的引领和指导才构成了中国奇迹的关键密码。由此可见,中国特色社会主义理论自信,不仅具有真理属性和价值属性,是基于科学品格对中国特色社会主义理论体系科学性的一种自信和基于价值立场对中国特色社会主义理论体系所包含的正确的人民立场的一种自信,从更大的时空格局下来审视,也是一种基于比较优势的自信。

第五章

思想引导，行动指南
——理论自信与道路自信、制度自信、文化自信

———

对中国特色社会主义理论自信的深刻认识，不仅要着眼于理论自信本身的整体性，以理论自信的概念为研究对象，深入理论自信这一范畴内部，全面分析理论自信的丰富内涵，还要按照战略眼光和战略思维的基本要求，跳出理论自信本身，建立更大的参照系，从更大的格局，将其放在更大的视野下来审视。从与理论自信的相关性和对理论自信的影响力来看，道路自信、制度自信和文化自信不仅与理论自信密切相关，共同构成相互依存、相互影响的有机整体，而且还对理论自信的确立与发挥作用存在广泛深刻影响。突破理论自信本身来研究理论自信，着眼于"四个自信"有机统一的内在关系，以中国特色社会主义"四个自信"为观察视域，是理解和把握理论自信问题的一个重要思路。在"四个自信"的视野下，只有深入剖析理论自信同道路自信、制度自信和文化自信的辩证关系，才能建立分析和解读理论自信的新视角。

一、"四个自信" 是对中国化马克思主义的理论和实践的全方位自信

马克思主义原理告诉我们,整体不等于各部分的简单相加,系统不等于各部分的简单组合。习近平总书记提出的"四个自信",相互依存、相互作用、相互影响、相得益彰,形成紧密联系的内在结构和逻辑关系,构成有机统一的科学整体。全面把握"四个自信"的内在结构和逻辑关系是深刻理解理论自信与道路自信、制度自信、文化自信的相互关系的前提和基础,对于从"四个自信"格局下研究和认识中国特色社会主义理论自信具有重要意义。

(一)"四个自信"是相互联系、相互支撑的有机统一体

"四个自信"相互联系、相互支撑,是有机统一的整体。从逻辑上看,其中,道路自信是前提,为理论自信、制度自信和文化自信的生成和强化奠定了坚实的实践基础。离开道路自信,理论自信、制度自信和文化自信就失去了前提和基础,成为无源之水和无本之木。理论自信是引领。理论自信是道路自信、制度自信、文化自信的思想引领,为其他"三个自信"提供行动指南。只有坚持理论自信,才能形成高度的理论自觉,才能促进道路自信的正确拓展、制度自信的完备有效、文化自信的传承发展,从而为道路自信、制度自信、文化自信引领正确方向、奠定思想基础、提供科学论证。制度自信是保障。制度问题更带有根本性、全局性、稳定性、长期性。制度自信是道路自信、理论自信、文化自信的具体展开,制度自信具体表现着、规范着道路自信、理论自信、文化自信,为道路自信、理论自信、文化自信提供有力的制度保障。只有坚持制度自信,道路自信、

理论自信、文化自信才会拥有有效依托和可靠保障。文化自信是灵魂。文化自信是道路自信、理论自信、制度自信的核心和灵魂，为其他"三个自信"提供精神支撑。只有坚持文化自信，道路自信才能扎根于发展的深厚土壤，理论自信才有与时俱进的思想文化资源，制度自信才有创新创造的活力之源。只有坚持文化自信，道路自信才会更有动力，理论自信才会更有理性，制度自信才会更有保障。

从历史上看，"四个自信"层层递进。道路自信是起点。只有探索出一条成功的道路，理论才有实践基础，制度才有现实依据，文化才有深厚土壤。中国特色社会主义道路的开辟，为中国特色社会主义理论体系、制度和文化的形成和发展提供了实践经验。理论自信是道路自信的总结和提升。中国特色社会主义理论体系明确了道路的本质规定、价值目标和任务要求，为道路的拓展和制度的完善及文化的发展提供坚实的理论支撑。只有坚持理论自信，才会有坚定的政治信念，才能不断强化道路自信、制度自信和文化自信。制度自信是道路自信和理论自信的强化和固化。中国特色社会主义是前无古人的壮举，没有现成的经验可以借鉴，没有标准的模板可以沿袭。我们党以巨大的实践智慧和勇气，通过不懈的实践探索深刻把握共产党执政规律、社会主义建设规律、人类社会发展规律，并将其总结提升为建设中国特色社会主义的基本规律，进而将这些规律性的内容制度化、体系化、规范化，使中国特色社会主义上升为一种制度。文化自信是道路自信、理论自信和制度自信的升华和内化。"中国有坚定的道路自信、理论自信、制度自信，其本质是建立在5000多年文明传承基础上的文化自信。"只有坚持文化自信，才会有对道路、理论、制度发自内心的自信，才会有对道路、理论、制度清醒理智的把握和践行。从这一意义来看，"坚定中国特色社会主义道路自信、理论自信、制度自信，说到底是要坚持文化自信"。

（二）"四个自信"统一于中国特色社会主义的伟大实践

中国特色社会主义是改革开放以来党的全部理论和实践的主题，它承载着几代中国共产党人的理想和探索，寄托着无数仁人志士的夙愿和期盼，凝聚着亿万人民的奋斗和牺牲，是近代以来中国社会发展的必然选择。只有高举中国特色社会主义伟大旗帜，我们才能团结带领全党全国各族人民，在中国共产党成立100年时全面建成小康社会，在中华人民共和国成立100年时建成富强民主文明和谐美丽的社会主义现代化国家，赢得中国人民和中华民族更加幸福美好的未来。

科学社会主义是理论、运动和制度的统一，这是马克思主义的基本观点。伴随着中国改革开放和中国特色社会主义实践的深入，我们党逐步将这一基本观点转化为对中国特色社会主义内涵的认识。中国特色社会主义有着丰富的内涵。中国特色社会主义道路、中国特色社会主义理论体系、中国特色社会主义制度和中国特色社会主义文化以实现中华民族的伟大复兴为共同指向，是中国特色社会主义的紧密相连、密不可分的不同方面。其中，道路是实现途径，理论是行动指南，制度是根本保障，文化是内在动力。中国特色社会主义"特"就特在这四者统一于中国特色社会主义伟大实践中。"四个自信"对应和代表着中国特色社会主义的理论、实践、制度和文化方面的成果，涉及中国特色社会主义的经济基础和上层建筑的各个方面，是对中国化马克思主义的理论和实践的全方位自信。其中，文化自信是自信之根，理论自信是自信之魂，制度自信是自信之本，道路自信是自信之用。由此可见，道路自信、理论自信、制度自信、文化自信都源于当代中国社会主义现代化建设的伟大实践，以其丰富和发展了中国特色社会主义的基本内涵，成为中国特色社会主义的最鲜明特色。只有从中国特色社会主义实践的整体性上把握"四个自信"，我们才能理解更深刻、把握更准确、自信更坚定。

（三）"四个自信"统一于马克思主义中国化创新发展的历史进程

"马克思主义中国化"，是指人们运用马克思主义基本原理和中国具体实际做具体的结合，创造性地解决中国发展问题，创造性地发展马克思主义。列宁指出："一切民族都将走向社会主义，这是不可避免的，但是一切民族的走法却不会完全一样。"①坚持把马克思主义同中国具体实际相结合，将马克思主义的立场、观点、方法和基本原理创造性地应用于中国革命、建设和改革过程中，推动马克思主义中国化，是我们总结长期历史经验得出的基本结论。党的十一届三中全会以来，我们党在推动马克思主义中国化的历史进程中，开创了中国特色社会主义道路，形成了中国特色社会主义理论体系，完善了中国特色社会主义制度，丰富了中国特色社会主义文化。由此可见，马克思主义中国化的基本逻辑决定了中国特色社会主义道路的内在本质属性和价值取向，也是"四个自信"相互贯通的哲学基础。

马克思主义中国化的不断展开是中国特色社会主义理论体系、制度和文化形成、发展的动力源泉。正是我国改革开放和现代化建设的具体实践的发展推动着党的每一次理论的重大突破、每一次制度的重大变革和每一次文化的重大发展。马克思主义与中国实际的结合，为坚定中国特色社会主义道路、中国特色社会主义理论体系、中国特色社会主义制度和中国特色社会主义文化的高度自觉和高度自信，提供了思想方法论的基础。道路自信、理论自信、制度自信和文化自信，归根到底就是对中国特色社会主义的高度自信，贯穿其中的就是对中国共产党把马克思主义与本国实际相结合的基本理论和基本实践的高度自信。中国特色社会主义道路的开辟、中

---

① 《列宁选集》第 2 卷，人民出版社，2012 年，第 777 页。

国特色社会主义理论体系的创立、中国特色社会主义制度的形成和中国特色社会主义文化的丰富都离不开马克思主义与中国实际相结合,这是"四个自信"的内核。马克思主义与中国实际的结合,既服从于中国马克思主义发展规律,又服务于中国现代化建设,这一文化逻辑揭示了"理论自信"生成发展的源流。坚定理论自信,要把它和坚定实践自信、历史自信和文化自信统一起来,唯其如此,才能不断推动马克思主义中国化健康发展,而马克思主义中国化获得健康发展,必将进一步增强人们对中国特色社会主义理论的自信。

二、道路自信、制度自信和文化自信是理论自信产生的源泉

中国特色社会主义道路自信、中国特色社会主义理论自信、中国特色社会主义制度自信和中国特色社会主义文化自信之间所存在的紧密内在关系,不仅将"四个自信"连成一个有机统一的整体,也为我们在"四个自信"的视野下分析和研究中国特色社会主义理论自信问题提供了理论支撑。然而,在"四个自信"视野下对中国特色社会主义理论自信进行深入研究,还要在分析"四个自信"的内在联系的基础上,以理论自信为核心,从影响要素、影响效果、影响方式、影响条件等方面对理论自信和其他"三个自信"之间的相互作用原理进行深刻剖析。

(一)道路自信是理论自信生成的实践基础

道路自信是指对中国发展方向和未来命运的自信。党的十八大报告明确指出:"道路关乎党的命脉,关乎国家前途、民族命运、人民幸福。"①中国共产党把马克思主义东方社会发展理论与中国社会主

---

① 《十八大以来重要文献选编》(上),中央文献出版社,2014年,第8页。

第五章 思想引导·行动指南——理论自信与道路自信、制度自信、文化自信

义发展的具体实际结合起来，开辟了中国特色社会主义道路。这条道路既坚持了马克思主义的科学社会主义普遍发展道路，又紧密联系当代中国社会主义的具体发展道路，集中体现了中国特色社会主义经济、政治、文化和社会发展的内在规定性。中国特色社会主义道路是实现社会主义现代化的必由之路，是创造人民美好生活的必由之路。坚定对中国特色社会主义道路的自信，不仅对坚持和发展中国特色社会主义制度，而且对形成和完善中国特色社会主义理论体系、保持中国特色社会主义理论的真理性及其对中国特色社会主义实践的巨大指导力，进而坚定理论自信都具有重要作用。

首先，道路自信为坚定理论自信提供了实践平台。理论产生于实践。理论的建构需要根据现实情况来加以实现。理论自信，从根本上说，产生于植根实践又客观反映实践的唯物性。中国特色社会主义是改革开放 40 年来当代中国发展的全部理论和实践主题。改革开放新时期以来，中国一切问题的破解和一切成就的取得，都是党领导全国人民在沿着中国特色社会主义道路前进的过程中实现的。中国特色社会主义道路，不仅代表当代中国发展的根本方向，也凝聚着当代中国改革发展的全部实践，是形成、完善和创新中国特色社会主义理论的实践土壤。中国特色社会主义理论体系源于改革开放以来中国特色社会主义建设实践，是对中国特色社会主义实践的反映。中国特色社会主义道路对中国特色社会主义理论体系产生的决定作用，进一步决定了道路自信对理论自信的广泛深刻影响。

其次，道路自信为推进实践基础上的理论创新提供了动力。中国特色社会主义理论自信来源于它充满生机活力的现实解释力以及饱含人文关怀的价值正当性。马克思主义认为，世界是物质的，而物质是运动的。这一原理要求我们在分析问题时坚持发展的观点。开放性是理论体系科学性的内在要求，中国特色社会主义理论体系也是一个不断完善的过程。中国特色社会主义理论体系的开放性要求我们根据不断变化的客观实际,持续推进中国特色社会主义理论体系的创新发展。马克思主义发展的观点不仅适用于反映和体现实践的理论,也适用于实践本身。由此来看,中国特色社会主义道路也是一个不断拓展的历史进程。中国特色社会主义道路和理论体系的内在关系,决定了理论根据道路的变化情况,不断调整自身,使理论的发展轨迹符合道路的演进轨迹,是完善和发展中国特色社会主义理论体系的内在要求。实践发展对理论创新的决定作用说明只有更加坚定道路自信,才能为推进实践基础上的理论创新,保持中国特色社会主义理论体系的开放性和对不断发展的中国特色社会主义发展实践的巨大解释力和指导力,为坚定理论自信提供基本平台和有力支撑。

最后,道路自信为理论自信提供了检验。对中国特色社会主义理论体系的自信,其实质是对科学的自信、对真理的自信。理论的真实性、正确性、科学性需要通过实践进行检验,而中国道路就是中国理论体系的最大实践,理论只有契合道路的需要,才能够"去伪存真"。只有人们对道路充满自信,对其具有高度的坚定,才能够更好地检验理论的合法性、合理性和科学性,进而使人们对理论充满信心,促进理论自信的建构。

(二)制度自信为理论自信的产生和增强提供了制度保障

理论自信的生成,来源于理论指导实践的有效性。如果理论在实践活动中难以发挥指导作用,那就难以生成理论自信。然而,从逻辑上看,理论对实践指导作用的发挥,不是无条件的,而是有条件的,并且不仅受许多条件的制约,还会受许多因素的影响。制度因素就是其中之一。制度是理论的载体显现,理论对实践指导作用的发挥离不开良好制度环境的支持。理论指导实践取得效益的过程,离不开制度的保障。如果没有通过制度加以保障,即使建构出新的理论体系,也只能束之高阁,进而不能够较好地发挥其所蕴涵的力量,导致理论的价值引导失效化现象凸显,最终不利于国家的发展、社会的建设、人民的实践,人们对理论的自信度也会大大降低。

马克思主义政党自诞生之日起,就把人类美好社会制度作为自身的不懈追求。马克思主义创始人通过科学揭示人类社会制度变迁规律,引领社会前进的方向和道路。中国共产党作为马克思主义政党,在科学理论指导下拥有坚定制度自觉和自信。97年来,依靠坚定的制度自觉和自信,我们党带领人民完成了新民主主义革命,缔造了人民当家作主的新中国,实现了中国从几千年封建专制制度向人民民主制度的伟大跨越;进行了社会主义改造,确立了社会主义基本制度,为当代中国一切发展进步奠定了根本政治前提和制度基础;推进改革开放伟大历史进程,成功开辟、坚持和发展了中国特色社会主义道路,形成了一整套相互衔接、相互依存的中国特色社会主义制度体系,为中国特色社会主义事业注入了强大生机和活力。

中国特色社会主义伟大事业是中国特色社会主义理论在中国具体实践中的运用与展开。在运用中国特色社会主义理论体系指导中国实践的过程中,中国特色社会主义制度坚持把中国共产党的基本理论、路线、纲领等纳入法律或法律性规定,以制度化的形式使一代又一代接班人明确道路和旗帜,清醒地认识到我们必须始终坚持什么、明确反对什么、怎样划分重大界限,从而确保全国各族人民团结奋斗的共同思想基础和行为遵循。这不仅为我们毫不动摇地坚持发展中国特色社会主义提供根本保障,也为充分发挥中国特色社会主义理论体系对中国特色社会主义实践的指导作用提供了有力支撑。

中国特色社会主义制度是具有鲜明中国特色、明显制度优势、强大自我完善能力的先进制度。中国特色社会主义理论体系,对于中国特色社会主义实践的指导效能,离不开中国特色社会主义制度的有力保障。这种保障作用的发挥,既需要通过制度试验和制度改革形成稳定的制度体系,也需要通过制度的落实和不断创新来充分发挥制度对实践活动开展的保障作用。制度的确立不等于制度的定型。现在,中国特色社会主义理论和实践依然在不断探索过程中,这决定了与之相匹配的制度也需要不断变革与创新。应该看到,中国特色社会主义制度是特色鲜明、富有效率的,但还不是尽善尽美、成熟定型的。习近平在《切实把思想统一到党的十八届三中全会精神上来》中强调:"我们讲要坚定道路自信、理论自信、制度自信,要有坚如磐石的精神和信仰力量,也要有支撑这种精神和信仰的强大物质力量。这就要靠通过不断改革创新,使中国特色社会主义在解放和发展社会生产力、解放和增强社会活力、促进人的全面发展上比资本主义制度更有效率,更能激发全体人民的积极性、主动性、创造性,更能为社会发展提供有利条件,更能在竞争中赢得比较优势,把中国特色社会主义制度的优越性充分体现出来。"①我们要以开放的态度,坚持中国特色社会主义制度的开放性,坚持和完善现有制度,从实际出发,及时制定一些新的制度,构建系统完备、科学规范、运行有效的制度体系,使各方面制度更加成熟更加定型,为夺取中国特色社会主义新胜利,为坚定中国特色社会主义理论自信提供更加有效的制度保障。

(三)文化自信是理论自信之根

从理论与文化的关系来看,理论与文化都属于精神范畴,理论是一种关乎价值观念、抽象的甚至是逻辑化的特殊文化,文化是本民族深沉的精神信仰和价值追求。根据文化大逻辑的观点,理论属于文化,是文化的重要组成部分,它们之间是源和流的关系。

文化自信是人们在对中国特色社会主义文化的认知、反思、认同

---

① 《习近平谈治国理政》,外文出版社,2014年,第93页。

等过程中形成的对文化价值和文化生命力的肯定、认同和信赖的稳定的心理状态。从历史上看，任何一个国家和民族，其发展理论的创新，都必须根植于自己的历史文化传统。没有中华优秀传统文化，没有中国共产党在革命、建设、改革时期创造的革命文化和社会主义先进文化，就没有中国革命的胜利，没有中国特色社会主义事业的开拓，更不可能形成中国特色社会主义理论体系。

从中国特色社会主义文化自身来看，中国特色社会主义文化孕育于中华民族优秀文化传统中，又以马克思主义为指导思想，是对中国优秀传统文化、中国革命文化进行的创造性转化和创新性发展，是在结合社会主义建设尤其是改革开放以来的实践中形成的具有中国特色的社会主义先进文化。

从文化自信与理论自信的关系来看，文化自信的要义在于精神自信，核心在于人文自信，理论自信的要义在于价值自信，或"根"或"果"，都是为了塑造和提升当代中国人的精神世界和层次。文化自信是理论自信的源泉，文化自信为理论自信提供了科学化、合理化、有效化的思想文化资源，文化自信的强弱程度直接影响着理论自信的强弱程度。如果人们缺乏对中华文化的信心，理论自信就没有生长的基础，将成为无源之水。

中国特色社会主义理论体系是思想精华，只有与文化合流才能源远流长、千古流芳。由此来看，文化自信不仅是坚定中国特色社会理论自信的题中之义，而且是最根本、最基础的自信，树立和强化文化自信，是我们今天走好中国道路应有的精气神。

理论自信源于文化自信，文化自信源于文化自觉，文化自觉促进文化自信和理论自信。没有对"文化"的自信，就谈不上对"理论"的自信。没有对中国传统文化的自信以及对社会主义先进文化的自信，就谈不上对中国特色社会主义理论体系的自信，也谈不上推动马克思主义中国化健康发展。

三、理论自信是道路自信、制度自信和文化自信的思想基础

辩证唯物论和唯物辩证法是马克思主义的基本观点,也是运用马克思主义分析和解决中国实际,推进马克思主义中国化的方法论基础。因此,在"四个自信"的视野下研究中国特色社会主义理论自信,不仅要看到中国特色社会主义道路自信、中国特色社会主义制度自信和中国特色社会主义文化自信对中国特色社会主义理论自信的决定作用,还要看到理论自信对其他"三个自信"所具有的巨大的能动反作用。因此,充分认识这一辩证关系,不仅有利于从更大的格局下深刻认识中国特色社会主义理论自信的战略功能,而且对于充分拓展中国特色社会主义理论自信自身价值实现的视野也具有重要作用。

(一)理论自信为道路自信提供理论指导

理论是道路发展和深化的行动指南。恩格斯说:"只有清晰的理论分析才能在错综复杂的事实中指明正确的道路。"①列宁在《怎么办》这部著作中明确提出,没有革命的理论,就不会有革命的运动。革命理论是革命运动的根本指导思想和旗帜,是建设坚强的无产阶级政党的根本条件,是事业成功的根本保证。有没有科学理论作指导,不仅关系着党的性质和宗旨能否实现,也关系着党的事业发展的前途和命运。从中国革命、建设和改革的历史经验来看,中国共产党之所以能够成为中国工人阶级的先锋队,领导中国革命和建设事业不断取得伟大胜利,关键就在于它始终以科学的理论为行动指南。早在中国共产党成立初期,李大钊、陈独秀、毛泽东等马克思主义者就接受并传播马克思主义,为中国革命和民族复兴的实践

---

① 《马克思恩格斯全集》第37卷,人民出版社,1971年,第283页。

123

找到了正确的理论，一改中华民族自 1840 年以来由于革命理论缺陷而深陷民族危机的泥潭久久不能自拔的历史现实。

中国特色社会主义道路，是改革开放以来中国共产党领导全国人民将马克思主义运用于中国社会实践探索出的正确道路。中国特色社会主义道路的指导方针、奋斗目标、根本任务、基本途径本身具有很强的理论性。道路中遇到的各种现实问题，都需要从理论层面及时给予回应并加以解决。中国特色社会主义道路的开拓离不开自身的理论建构和理论指导。

中国特色社会主义理论是立足于时代前沿、洞察社会历史大势、把握历史潮流与规律、与时俱进的科学理论，是深深扎根于中华大地、符合中国实际的当代中国马克思主义。中国特色社会主义理论体系来源于中国特色社会主义伟大实践，蕴涵着中国特色社会主义道路的方方面面，形成之初，就成为指导实践的"伟大工具"，构成在理论范畴指导中国道路发展的精神力量。

在中国特色社会主义 40 年的探索历程中，我们之所以能够既不走封闭僵化的老路，也不走改旗易帜的邪路，坚持沿着中国特色社会主义道路前进，不断开辟中国特色社会主义道路的新境界，就在于我们始终十分注重中国特色社会主义理论的指导作用并始终自觉地坚持以中国特色社会主义理论作为自己的行动指南。没有中国特色社会主义理论体系的引领与指导，中国特色社会主义实践就可能走弯路、走偏路、走邪路。

理论自信是源于其对中国特色社会主义实践的正确的理性认识，中国特色社会主义理论体系对中国特色社会主义道路所具有的引领与指导作用，决定了理论自信阐释了道路自信的科学性和合理性，是建构中国自信的精神支撑，能够有效地引导道路自信的正确方向。只有人们对其建构起强烈的认知，持有较大的认可，形成高度的信任，才能够使人们坚定走中国特色社会主义道路，对道路充满自信，进而消除道路发展的困境，破除走封闭僵化的老路和改旗易帜的邪路的可能性。这样，建立在对社会主义发展规律性认识基础上的理论自信必将指导党和人民沿着中国特色社会主义道路实现中华民族伟大复兴的伟大目标。

（二）理论自信为制度自信提供思想支撑

中国特色社会主义制度虽然是具有鲜明中国特色、明显制度优势和强大自我完善能力的先进制度，但是这一制度的科学运行和不断完善离不开科学理论的正确指导和思想支撑，是在中国特色社会主义理论体系指导和引领下建立并不断完善的。

中国特色社会主义理论体系是指导党和人民沿着中国特色社会主义道路实现中华民族伟大复兴的科学理论，是立足于时代前沿、洞察社会历史大势、把握历史潮流与规律、与时俱进的科学理论。这一理论体系写出了科学社会主义的"新版本"，是深深扎根于中华大地、符合中国实际的当代中国马克思主义，是引领方向、统一思想、凝聚力量、坚定信念的一面旗帜。

中国特色社会主义制度是中国特色社会主义理论体系的客体化、现实化、具象化。在改革开放 40 年的伟大实践中，中国共产党既善于把已成功的实践经验上升为理论，又能坚持以正确的理论指导新的实践，还能将实践中成效明显的方针、政策及时上升为国家的法律与制度。中国特色社会主义制度的建构过程体现了社会发展的规律性，因为它是中国人民在实践活动中形成的"人们自己的社会行动的规律"。

理论自信对制度自信进行了合理性的积极阐释，为中国特色社会主义制度的发展和完善提供了坚实的理论基础。制度自信以理论自信为指导，如果没有科学的、正确的理论作为支撑，制度自信便会失去其赖以存在的逻辑根基，制度合法性的基础会不牢固，制度的贯彻和实施也将陷入困境。

（三）理论自信为文化自信提供精神引领

中国特色社会主义理论是中国特色社会主义先进文化的思想内核，它为先进文化发展提供科学的理论指导和坚强的精神引领。离开科学理论的指导和引领，社会主义文化就会失去精神灵魂、迷失前进方向。

首先，文化和理论是一般与特殊的关系，文化沉淀着民族最深层次的精神追求，对文化的自信是对民族精神追求的最根本的认同。在这方面，理论作为对实践中出现的问题的系统的和理性的阐释，既包含事物的内在的和必然的规律性联系，也包含着一定的立场、观点和方法，是价值观在破解时代问题、推动民族进步与复兴方面的运用与体现。从这方面来说，理论属于文化，是文化的一种表现形式。就此而言，理论自信和文化自信是一致的，对理论的自信实际上就是对文化的自信。

其次，文化是理论的决定力量，但理论对文化具有能动的反作用。文化自信是人们在对中国特色社会主义文化的认知、反思、认同等过程中形成的对文化价值和文化生命力的肯定、认同和信赖的稳定的心理状态。而文化的本质在于"人化"和"化人"的有机统一，但是要想达到"化人"的效果，其前提必须是以理服人。由此可见，理论是文化的思想内核，理论自信可以为文化自信提供方向引领。对于中国特色社会主义理论体系而言，只有人们对理论形成强烈的自信心，才能更好地发挥马克思主义理论的功效，充分运用理论指导文化建设，引导人们坚持正确的社会主义文化建设的方针，进而推动中华优秀传统文化事业的发展。

再次，文化和理论，是"源"和"流"的关系。文化是一个不断沉淀的过程，对文化的自信，既包括对现有文化成果的自信，也包括对文化未来发展趋势和规律的自信。文化的不断沉淀，离不开理论的发展，需要在实践基础上用不断创新的理论成果来丰富。就此而言，文化与理论之间"源"和"流"的关系不仅揭示了文化是理论的根源,也强调了理论是文化沉淀的时代养分,是文化的时代体现,也是文化发展的新内容、文化繁荣的新动力。基于这种关系,可见理论自信和文化自信在一定程度上是可以相互转化的,尤其是基于理论的自信,会通过理论和文化的内在关系转化为对文化的自信,进而促进文化自信,使得文化的生命力在理论的创新中不断得到延续。

四、道路自信、制度自信和文化自信是理论自信的最终归宿

在"四个自信"的视野下解读中国特色社会主义理论自信,不仅要看到理论自信源于道路自信、制度自信和文化自信,又以其自身的真理品格指导着道路自信、制度自信和文化自信的建构与增强,还要对存在于它们之间的这种辩证关系,从更深层面进行分析。就此而言,中国特色社会主义理论自信与其他"三个自信"之间这种作用与反作用的关系,从根本上说,是服从和服务于它们之间目的与手段的关系。即增强中国特色社会主义理论自信本身不是目的,而是增强道路自信、制度自信和文化自信的手段。理论自信是其他"三个自信"的体现,其他"三个自信"是理论自信的归宿,理论自信的增强,最终要体现和落实到道路自信、制度自信和文化自信的增强上。只有这样,理论自信才能充分实现其自身价值。

(一)道路自信决定了理论自信的价值能否实现

理论的魅力在于引领实践,理论的威力在于改造实践。马克思曾指出:"哲学家们只是用不同的方式解释世界,问题在于改变世界。"[①]毛泽东在指导中国革命时也指出:如果有了正确理论,只是把

---

① 《马克思恩格斯文集》第 1 卷,人民出版社,2009 年,第 502 页。

它空谈一阵,束之高阁,并不实行,那么,这种理论再好也是没有意义的。这些重要论述,不仅揭示了理论在改造世界方面所具有的独特作用,也强调了实践对于理论的终极价值。中国特色社会主义理论体系只有在实践中被人民群众掌握,才能在建设中国特色社会主义的实践过程中发挥其应有的指导作用。

道路关乎党的命脉,关乎国家前途、民族命运和人民幸福。习近平总书记深刻指出:中国是一个大国,决不能在根本性问题上出现颠覆性错误,一旦出现就无法挽回、无法弥补。这一重要论述强调了前进的道路和方向对于中国发展的战略地位和重要作用。对于中国特色社会主义实践而言,中国特色社会主义道路是实现途径,决定着中国特色社会主义实践的根本方向。中国特色社会主义道路对于中国特色社会主义实践所具有的重要作用,决定了中国特色社会主义道路对于中国特色社会主义理论体系围绕中国特色社会主义发挥指导作用具有根本性、方向性的影响,从根本上决定了中国特色社会主义理论体系围绕中国特色社会主义实践发挥指导作用。

当前,我们党建设中国特色社会主义事业面临的内外环境不断发生着深刻变化,出现了许多前所未有的新情况、新问题、新挑战。在这样的背景下,各种风险和困难挑战的有效化解,中国特色社会主义事业发展新局面的开创,中华民族伟大复兴的推进,无一不需要我们坚定对中国特色社会主义道路的自信,坚定不移地沿着中国特色社会主义道路前进。增强道路自信,坚定不移地沿着这条道路前进,中国特色社会主义理论体系才能实现自身价值的实践平台,才能在实践中不断得到完善,才能在中国特色社会主义道路不断拓展的伟大实践中,充分发挥其对实践的指导作用,并且在引领中国特色社会主义道路开辟的历史进程中,着眼于新的问题和新的实践,不断完善,不断创新,为坚定中国特色社会主义理论自信不断增添真理的力量。

（二）制度自信决定了理论自信的价值实现是否稳定

理论自信源于理论本身所具有的真理光芒，这既是理论自信的源泉，也是坚定理论自信，推动理论价值实现的动力所在。从理论自信的价值实现来看，理论自信服从和服务于理论建设和理论指导，而无论是理论建设，还是理论指导，都需要实践土壤。对于中国特色社会主义理论建设而言，生动丰富而又不断展开的中国特色社会主义实践是实践土壤；对于中国特色社会主义理论指导而言，中国特色社会主义实践又化身为实践平台，支撑着中国特色社会主义理论体系自身价值的充分实现。在中国特色社会主义理论和中国特色社会主义实践的互动作用过程中，制度问题至关重要。无论是对于推动基于实践基础的理论创新和理论建设，还是对于通过发挥理论对实践的指导作用而实现理论自身价值，制度问题都起着根本性、全局性、稳定性和长期性作用。它不仅是关系中国特色社会主义实践发展的重大问题，也是关系中国特色社会主义理论建设与理论指导的重大问题。

我们在推进社会主义制度自我完善和发展的过程中，在经济、政治、文化、社会等各个领域形成了一整套相互衔接、相互联系的制度体系，即中国特色社会主义制度。这一制度是当代中国发展进步的根本制度保障，集中体现了中国特色社会主义的特点和优势。中国特色社会主义制度是党领导人民长期奋斗的胜利成果，也是长期以来我们在用中国特色社会主义理论体系指导中国特色社会主义现代化建设实践中，把在正确理论指导下不断完善、在实践中反复证明行之有效的做法加以固化的成果体现。当中国特色社会主义理论体系对中国特色社会主义实践的指导，以制度的形式固化下来，中国特色社会主义理论体系在指导中国特色社会主义实践方面就有了一个稳定的平台，中国特色社会主义理论体系自身价值的实现也就有了稳定、可靠的保障。由此可见，制度自信是道路自信和理论自信的强化和固化，对于稳定理论自信围绕指导实践发挥影响作用、实现自身价值具有重要作用。中华人民共和国成立以来特别是改革开放以来，我们党所取得的伟大成就雄辩地证明：中国特色社会主义制度符合我国的基本国情，是一种先进的制度形态，具有优于资本主义和传统社会主义制度的制度优势。只要我们不断增强坚持和完善中国特色社会主义制度的自觉性和坚定性，使这一制度随着中国特色社会主义道路的拓展和中国特色社会主义理论体系的丰富而不断发展和完善，就能为中国特色社会主义理论体系持续稳定地发挥对于中国特色社会主义实践的指导作用提供可靠的制度保障，进而不断开创中国特色社会主义事业发展和当代中国发展进步的新局面。

（三）文化自信决定了理论自信的价值能否持久

马克思主义认为，理论源于实践，但这种理论一旦形成，就会对产生它的实践本身表现出巨大的能动性，并具有巨大的指导作用。这一原理揭示了理论与实践的辩证关系，为我们从理论上分析中国特色社会主义理论自信的生成机理和战略功能提供了理论视野，也构成了我们进一步分析如何将理论对于实践的指导作用充分发挥出来的新的起点。从这一意义上说，虽然道路自信为理论围绕实践发挥指导作用规定了根本方向，制度自信为理论围绕实践稳定地发挥指导作用提供了平台，但是如果从更高层次来看，理论围绕制度发挥指导作用，还可以借助文化这一平台——理论一旦融入文化，就会产生更根本、更持久、更深层次的力量，助推理论围绕实践发挥指导作用，充分实现理论的价值。

理论是思想精华，只有与文化合流才能源远流长、千古流芳。遥想当年，慧能一句"本来无一物，何处惹尘埃"，得到五祖的高度认可，不识字、未出家的他被破格提拔为接班人。慧能3岁丧父，自幼贫苦,卖柴维生,耳濡目染传统文化尤其是民间风俗,了解底层人民的疾苦及文化心理需求,深知他们需要那种"即心即佛、当下解脱"的"生活禅"。这种植根于传统文化和基层文化心理需求的文化自信,锻造出他对佛禅的理论自信,使他成为中国禅宗的创始人。时至今日,其影响仍在。

中华文化是中华民族独特的精神标识,是我们党领导人民推进中国特色社会主义伟大事业的强大精神力量。中国特色社会主义理论体系的形成,离不开中国特色社会主义实践,也离不开中华优秀传统文化、中国革命文化、中国特色社会主义先进文化,是在中华优秀传统文化、中国革命文化、中国特色社会主义先进文化滋养下形成的。中国特色社会主义理论体系中包含着中华优秀传统文化、革命文化、社会主义先进文化的精神因子。这些精神因子的存在,使得中国特色社会主义理论体系对于中国特色社会实践的引领和指导作用更深厚、更持久。从这一层面上说,文化自信是理论自信的题中应有之意,坚定理论自信也要求坚定文化自信。在提升中华优秀传统文化自信、革命文化自信、社会主义先进文化自信的基础上,增强中国特色社会主义理论自信,当代中国人就能清晰呈现自己的人文精神和本质力量,明确表达自己的价值取向和价值内涵,以更加充沛的精神状态、更加鲜明的价值追求,昂首迎来中华民族伟大的复兴。

第六章

任尔东西南北风
——理论自信面临的挑战

———

　　理论蕴含着奋斗的经验,历史映射着真理的光芒。改革开放 40 年来,在中国共产党的领导下,中国特色社会主义的航船闯过激流险滩,穿过崇山峻岭,始终沿着正确的航向破浪前行。改革开放的巨笔,在中华大地上描绘出一幅气势恢宏的壮美画卷,社会主义中国以崭新的姿态巍然屹立在世界东方。正如习近平总书记所指出的:"当今世界,要说哪个政党、哪个国家、哪个民族能够自信的话,那中国共产党、中华人民共和国、中华民族是最有理由自信的。"①对中国特色社会主义理论体系,我们有自信的理由、有自豪的底气。同时,我们也要看到,在中国特色社会主义的理论和实践发展中,理论自信也面临着种种挑战。这种挑战带来的理论不自信,往往会影响伟大斗争、伟大工程、伟大事业、伟大梦想的进程,甚至动摇党的执政基础、消解中国特色社会主义建设的成就。维护国家长治久安,维护党的执政安全,实现人民群众对美好生活的期待,必须积极

————————————

　　① 习近平:《在庆祝中国共产党成立 95 周年大会上的讲话》,《人民日报》2016 年 7 月 2 日第 2 版。

应对理论不自信的问题,切实在消解"不自信"中进一步坚定中国特色社会主义理论自信。

一、理论不自信的种种表现

中国特色社会主义理论自信面临的重大挑战就是理论上的不自信。作为人类精神世界的一种重要状态,理论上的自信或者不自信是内在的、抽象的,不容易直观把握。但主观状态或情绪总会有外化的直接表征,通过一些外在的表征我们可以把握内在。把握住理论不自信的外在化表现,辨析其基本特征,对于我们正确认识和理解理论上的不自信,从而更好地消解不自信具有重要意义。从我国当前情况来看,中国特色社会主义理论上的不自信表现多种多样,但最重要的主要有以下几种。

(一)盲目的理论他信

人类漫长的思想长河中,文明的发展异彩纷呈,理论的成果也多种多样。千百年来,世界上各种文明和社会制度,长期并存,在竞争比较中取长补短,在求同存异中共同发展。不同文明所对应和蕴藏的思想理论成果也各具特色,各领风骚,不仅对自身国家和民族的发展进步作出重要贡献,也给其他国家、民族的发展以不同程度的影响。东方民族的许多重要发明和思想理论,如阿拉伯数字、指南针、火药、造纸术以及儒家思想等,曾经给西方文明和思想理论的发展以决定性影响。可以说,文明和思想成果的互鉴互学是人类社会发展的主流和常态。在看到文明发展多样性的同时,也应该看到,不同文明之间又因为在资源禀赋、发展机会、进步程度等方面的差异,各个文明及其所对应蕴含的思想理论之间难免出现发展的不平衡。特别是进入近现代以来,为了实现资本的增殖和扩张,西方资产阶级必须不断扩大产品销路，这一需要驱使它奔走于全球各地。它必须到处落户，到处开发，到处建立联系。在这样的历史大趋势下，迅速崛起的西方文明及其思想理论给东方国家带来很大影响。正如马克思、恩格斯所指出的那样，资产阶级"迫使一切民族——如果它们不想灭亡的话——采用资产阶级的生产方式；它迫使它们在自己那里推行所谓的文明，即变成资产者。一句话，它按照自己的面貌为自己创造出一个世界"①。西方发达国家在对落后国家和民族的征服和殖民过程中迅速积累起来的经验与财富，有助于其文明和思想理论的加速发展。他们率先进入现代化，率先呈现出一种更加文明、繁荣、科学、自由的发展状态。这一切都仿佛告诉非西方国家和民族："你们的未来就是这种样子。"正因为如此，西方社会所产生的思想理论成果在人类思想史中才能散发出更多的魅力，释放出难以抗拒的吸引力。

　　近代中国是在西方列强的坚船利炮下，被动进入世界历史潮流的，并付出了惨痛代价。学习西方先进技术和理论是中国近代以来思想理论发展过程中，贯穿至今的重要主题。我们必须承认，西方思想文化中先进科学的部分确实给中华民族复兴进程带来决定性的影响。实际上，我们的指导思想马克思主义就是西方思想成果的一个重要体现。列宁曾指出："马克思主义这一革命无产阶级的思想体系赢得了世界历史性的意义，是因为它并没有抛弃资产阶级时代最宝贵的成就，相反却吸收和改造了两千多年来人类思想和文化发展中一切有价值的东西。"②作为开放的、学习型的世界大党，我们党历来主张学习借鉴一切人类文明优秀成果。但是，这绝不表明我们对其他文明和思想成果不加选择地盲目崇拜，唯西方理论马首是瞻。在当前思想理论界以及人民群众的现实生活中，我们不难发现

---

① 《马克思恩格斯文集》第 2 卷，人民出版社，2009 年，第 35—36 页。
② 《列宁专题文集·论马克思主义》，人民出版社，2009 年，第 296—297 页。

那些唯西方理论马首是瞻的情况，这些情况是理论不自信的重要表现，是盲目的理论他信。具体而言，主要表现在：一是盲目崇拜西方的价值观念。有的认为西方资产阶级是"自由、民主、平等"等理念的鼻祖，西方发达国家是践行这些理念的先行者，他们所倡导的价值观念真正代表着人类发展的美好未来，是全世界都应该信奉和推崇的重要理论。包括中国在内的社会主义国家尽管正在建设社会主义，但在践行"自由、民主、平等"理论以及人权问题上不如美国、欧洲一些发达国家。这种崇拜不假思索地认为西方的所谓"自由、民主、平等"等理论是绝对的、真实的，西方发达国家在理念与行动过程中是一致的。他们没有看到西方资产阶级倡导的理念的阶级性、践行这些理论的虚伪性，并无视本国国情和发展状况，盲目地崇拜甚至主张一味地不加选择地照搬到自己的社会生活和国家建设中来。

二是盲目信奉自由主义意识形态。自由主义被认为是工业化国家的主流意识形态，至今有300多年的历史。20世纪提倡福利改革和经济干预的现代自由主义在当代西方国家以及非西方世界颇有影响力。在市场经济条件下，国内一些人受自由主义思潮影响，非常认同其中包含的个人主义的核心原则，面对公共利益与个人利益之间的矛盾冲突，极力反对个人的任何牺牲和让步。有的甚至认为：个人主义绝对至上才能保证市场经济的发展，中国改革开放之所以取得成功主要是因为西方自由主义经济学的运用，而与马克思主义的关系不大，至少不是马克思主义指导的结果；对于当前和今后进入改革"深水区"，我们还应该求助于自由主义，马克思主义更难发挥指导作用。

三是盲目推崇西方的经济政治社会制度和发展道路。西方资本主义国家在其信奉的价值观念和思想理论的指导下，形成了一整套代表资产阶级利益的经济政治社会制度和现代化的发展道路。有人认为：西方发达国家之所以发达完全仰赖其先进的经济政治社会制度,学习西方先进文明,除了认同其先进理念之外最重要的还是学习其经济政治社会制度,其制度才是先进思想理念固化、规范化的重要体现。有的认为：我们当前深化改革面临很多问题,其背后的主要原因是西方经济政治社会制度学习得还不够；西方发达国家尤其是一些福利国家,吸收社会主义因素,甚至比我们做得更好,他们的制度设计完美；要改革当前社会发展中不完善不科学的地方,就应该完全采纳其发达的制度设计和先进的发展道路。

(二)危险的理论怀疑

适当的怀疑是理论创新发展的必要条件。比如,休谟深刻的怀疑精神就给近代西方哲学以新的发展契机,这种怀疑精神曾经使康德深受震动。他坦率地承认："正是大卫·休谟的提醒,在多年以前首先打破了我的独断论的迷梦,并且给予我在思辨哲学领域的研究以一个完全不同的方向。""休谟问题"促使康德重新思考形而上学问题,从而走上了批判哲学的道路。诚然,因怀疑带来的批判性思维往往能给思想理论的进一步发展带来新机会,但是,过度的、绝对的怀疑则容易消解理论自信,破坏理论发展的根基。

中国特色社会主义理论体系是在改革开放的伟大实践中孕育产生并发展成熟的。在改革开放的不同时期,社会上对于这一理论体系的不同组成内容都有产生过怀疑。改革开放初期,邓小平发出建设中国特色社会主义的鲜明号召,为邓小平理论的形成发展奠定了鲜明的主题。这一时期,围绕着"什么是社会主义、怎样建设社会主义",社会上对中国特色社会主义的理论怀疑主要表现在两个方面。一是在正确对待毛泽东思想方面的怀疑论调。历史表明,"文化大革命"是一场由领导者错误发动,被反革命集团利用,给党、国家和各族人民带来严重灾难的内乱。因此,"文革"结束以后,国内外思想理论界难免在关于毛泽东本人及其思想的评价问题上产生分歧，甚至出现比较混乱的认识。有的借毛泽东发动"文化大革命"的错误而完全否定其个人功绩，甚至对毛泽东思想的理论价值和意义产生怀疑并进而否定，妖魔化领袖人物及其思想。二是对社会主义搞市场经济进行责难怀疑。十一届三中全会提出把全党工作重点转移到现代化建设上来，并要求"对经济管理体制和经营管理方法着手认真的改革"，随后各方面各领域的改革陆续展开，却几经风雨，几经挫折，每走一步都遇到多种因素的阻挠和怀疑。比如，安徽农民率先点燃农村改革烈火，凤阳县小岗村实行"大包干"联产承包责任制，调动农民生产积极性。但这种做法在周围逐步传开，却被不少人怀疑甚至被看作是破坏集体经济。比如，在国民经济发展和经济运行体制变化过程中，对计划和市场的关系问题产生争论，有些人视商品经济、市场经济如猛虎，认为社会主义社会不该发展商品经济，怀疑社会主义市场经济的社会主义性质。还有人认为我们的市场经济又强调计划的作用，根本不是社会主义的，而是国家资本主义。

党的十三届四中全会以后，"三个代表"重要思想、科学发展观以及习近平新时代中国特色社会主义思想形成并发展成熟。这一时期，围绕着关系中国特色社会主义未来发展方向的重大问题，几个主要的理论怀疑表现在三个方面。一是共产主义渺茫论。随着社会主义市场经济的深入发展，我们的改革在取得举世瞩目的伟大成就的同时，也出现了一些与改革初衷不符的现象。比如两极分化，贫富对立，道德滑坡，等等。有些同志对这种现象不满，对自身的处境不满，进而认为，我们建设的中国特色社会主义根本就是抛弃了共产主义，共产主义的理想纯粹成为乌托邦。他们还称他们看不到共产主义的到来，甚至他们的儿子、孙子也看不到，共产主义的实现遥遥无期。还有少数在改革中暴富的不当利益获得者，满足于当前现状，拒绝沿着社会主义方向继续攻坚克难，认为当前无须再谈共产主义目标和理想。二是怀疑、否定改革开放以后党的基本路线、方针、政策。20世纪80年代末90年代初，受国际上东欧剧变以及国内经济生活中通货膨胀和社会上某些消极腐败现象的影响，国内思想理论界出现一些认识上的误区或混乱。三是怀疑、否定改革开放的正确方向。党的十六大以来，进入新世纪、新阶段，中国特色社会主义事业的发展也出现新的阶段性特征。一些人对现实中的矛盾和问题进行错误归因，不顾我国国情，无视改革开放的成功经验和历史结论，鼓吹新自由主义、民主社会主义，甚至提出"只有民主社会主义才能救中国"等论调。

（三）僵化的理论自负

理论自信是对自身所坚持和信奉的理论有一种恰当正确的认知和评估，而不是固执己见、唯我独尊。如果过高地估计自身所坚持和信奉的理论，自以为是、孤芳自赏的话，只能成为一种理论自负。中国特色社会主义理论自信所遭遇的另一种挑战就是理论上的自负。这种理论自负的重要特征是完全轻视别人，封闭自己。具体而言，表现在两个方面。

一是主张回归传统社会主义模式，即固守传统老路，坚决拒绝向西方发达资本主义学习。在改革开放的过程中，中国特色社会主义理论体系的建设发展不断遭遇不同的干扰。其中就有来自"老路"的压力，即封闭僵化的老路。主张走回"老路"的人，希望回到改革开放前的传统社会主义路子。他们主观上认为，那时人们作风、感情、生活都纯朴、朴素。我们应该按照马克思主义经典著作和苏联社会主义模式建设社会主义，社会主义就是在经济上确立高度集中的计划经济，在所有制方面实行单一的公有制经济，在分配制度上实行按劳分配。他们教条式地理解马克思主义经典作家关于社会主义的论述,照搬照抄苏联社会主义模式,认为当前的改革开放违背了马克思、恩格斯的设想,建议我们的经济建设和社会发展退回到单一公有制和计划经济老路上去。这种怀念老路、为老路唱赞歌的主张,是理论上封闭僵化的结果,是拒绝开放吸收西方资本主义先进文明和理论的重要表现。

二是打出儒教复古主义旗号,即僵化于复古思潮,拒绝把传统与现代结合。西方的现代化是文艺复兴以来在现代理性的启蒙和培植下发展起来的。经历数个世纪的发展,西方现代性这个落后民族和国家争相效仿的"典范"在 20 世纪却遭遇深刻危机,高高张扬的主体性成为后现代等理论批判的对象。社会主义现代化是在批判地吸收借鉴西方现代化基础上发展起来的,我们的改革开放也同样面临着一些问题和挑战。批判西方现代性,向中国传统文化寻求解决办法,一度成为中国思想理论界甚至全球思想界的重要发展趋势。在一些人看来,中华民族传统文化和思想理论蕴藏着克服西方现代危机的良方,应该推崇中国古代的思想和政治理念,高扬中国传统文化和思想理论的旗帜。在文化上,用"传统"对抗"现代化";在政治思想上,主张固守儒家的政教传统,甚至将儒家传统的政教体系宗教化,利用宗教信仰的力量维护儒家传统。诚然,中国共产党自始至终都坚持将马克思主义与中国古代优秀思想文化相结合,是中国传统文化和理论忠实的继承者和弘扬者。古代中国在几千年的历史中积累了丰富的治国经验,这对于我们的执政党而言,是一块"执政富矿",能成为执政党汲取力量的有力基础。弘扬中华民族的优秀文明和传统理论,有助于应对西方普世价值的全面渗透。但是,这种打着"弘扬传统文化和理论"的旗帜谋求更大政治利益的倾向,在某种程度上有对主流意识形态进行颠覆的危险。

（四）可怕的理论动摇

理论自信内在地包含着对一种思想理论的坚定信仰和忠诚坚守。实现和提升理论自信最怕理论上的动摇和摇摆。坚定中国特色社会主义理论自信要求我们坚定马克思主义信仰、社会主义和共产主义远大理想。但现实中，理论自信问题时刻面临着理论动摇的危险和挑战。这种中国特色社会主义的理论动摇集中表现在马克思主义理论和中国特色社会主义理论体系政治生活中的"口号化"倾向，在理论研究中的"边缘化"倾向和日常生活中的"式微化"倾向。

政治生活中的"口号化"倾向。中国共产党是以马克思主义为旗帜，并由马克思主义理论武装起来的无产阶级政党，每名党员都应该对马克思主义保持坚定信仰和坚贞信念，每名党员都应该是共产主义远大理想和中国特色社会主义共同理想的践行者。然而，近年来，受各种政治灰尘和腐朽思想的污染、侵蚀，一些党员身上存在着程度不同的信仰动摇和精神懈怠风险。对待马克思主义信仰和中国特色社会主义理论口头上认同、内心里动摇，语言上信仰、行动上背离，表面上点头称赞、私下里批评反对，等等。总之，在党内政治生活中，对待理论学习，就把喊口号当作手段，把空表态当成工作，喊口号只为应付检查，做表面文章，"扎扎实实"走形式，"认认真真"跟风跑。学习和践行理论敷衍了事，"雷声大、雨点小"，"口惠而实不至"，没有实效。

理论研究中的"边缘化"倾向。习近平总书记在哲学社会科学工作座谈会上发表的重要讲话中指出："实际工作中，在有的领域中马克思主义被边缘化、空泛化、标签化，在一些学科中'失语'、教材中'失踪'、论坛上'失声'。这种状况必须引起我们高度重视。"①习

---

① 习近平：《在哲学社会科学工作座谈会上的讲话》，《人民日报》2016年5月19日第2版。

近平总书记所提到的"马克思主义被边缘化、空泛化、标签化"恰恰是中国特色社会主义理论自信所遇到的问题，是理论研究领域内理论动摇的重要表现。一些人认为马克思主义只是一种意识形态说教，学理性和系统性稍逊，对其学术上深入研究探讨的动力不足。一些人甚至认为马克思主义中国化是个错误命题，中国特色社会主义理论体系作为马克思主义中国化的成果，既然已经中国化，说明它不再是马克思主义，并不是普遍真理，没有深入研究的学术价值。有些马克思主义政治理论课教员在对外理论交流中，缺乏自信，羞于在公众和社会中称自己是政治理论课教员。有些学者讲授马克思主义或中国特色社会主义理论体系时，喜欢参照西方自由主义等理论，"以西解马""以西解中"，缺少独到的见解和深刻的分析，结果越讲越不自信。

日常生活中的"式微化"倾向。马克思主义以全人类解放为根本价值取向，以实现共产主义为人类社会发展的终极目标。中国特色社会主义理论体系是对马克思主义的创造性发展，同样秉持马克思主义的价值观念和理论特征。在现实社会中，一些人一提到马克思主义，多想到其与宇宙世界、人类社会相关，与社会革命、阶级斗争相连，是"宏大叙事"；中国特色社会主义理论体系也是与国家发展、民族未来、历史大变迁相牵，离我们的生活世界太远，和百姓日常生存有距离。基于这样的误解，马克思主义在中国老百姓的日常生活中出现"式微化"倾向。不少人无法认识到马克思主义基本原理所包含的正确理解生活和人生的智慧与启迪，无法参透中国特色社会主义理论体系所蕴藏的关于人生、个体的一系列论述和观点，对人的本质和未来发展理解不深，对社会主义核心价值观等关涉人生发展、未来生活的指导领会把握不够，等等。

二、理论不自信的原因所在

"大风起于青萍之末"，有时，某些看似微小的因素都可能成为影响事情结果的重要原因；有时，一种结果是由多方面多层次的原因造成的。看到事物发展的种种外在表现，只是认识和改变事物发展的开始，更紧要的是追寻表象背后的原因。对于上述理论不自信，我们需要做的正是找到其原因何在。从历史上，从现实中，从理论上，从实践中，全面分析，才能深刻把握，求得不自信问题最终的解决。

（一）社会主义曲折发展和困境的影响

马克思主义的产生是资本主义时代发展的必然产物，是人类思想史上的伟大革命。马克思主义的产生、发展同资本主义发展的历史进程息息相关，同共产主义和社会主义的历史命运紧密相连。对应资本主义不同历史阶段和社会主义跌宕起伏的命运，马克思主义在全世界的发展也历经不同阶段，呈现不同的时代特色。

从马克思主义诞生初期到第一次世界大战之前，马克思主义自身发展的分化对理论自信的确立产生了重要影响。19 世纪中期，资本主义自由竞争阶段，马克思主义在马克思、恩格斯对以往意识形态和资本主义政治经济的批判中诞生。马克思主义和共产主义运动一经诞生，就受到资产阶级的攻击和诘难。马克思、恩格斯在《共产党宣言》开篇第一句话就提到"共产主义幽灵"，"幽灵"一词反映了当时欧洲资产阶级、保皇派等反动势力对社会主义运动、对马克思主义的反对、痛恨和围堵。这一时期的社会主义运动受到资产阶级当权者不同程度的阻挠，马克思主义也是在对不同思想理论和形形色色的社会主义的批判中不断发展深化的。马克思、恩格斯批判吸收黑格尔、费尔巴哈哲学思想和空想社会主义，对形形色色的反动的社会主义、保守的资产阶级的社会主义、小资产阶级的假社会主义进行批判。对错误思潮的批判是马克思主义理论形成和深入发展不可或缺的重要条件,是马克思主义者确立理论自信的重要方面。马克思去世之后,社会主义运动遭遇严重挫折。19世纪末20世纪初是资本主义经济、社会、政治、文化等方面发生剧烈变化的时期,资本主义由自由竞争向垄断过渡,出现了许多新的情况和新的特点。时代发展的剧烈变化使马克思主义面临着自其诞生以来最为严峻的挑战。第二国际内部,对马克思、恩格斯思想理论的理解也发生严重分化。伯恩施坦对马克思主义的"修正"、德国社会民主党内及国际范围内一批马克思主义理论家对伯恩施坦修正主义理论的反击、列宁对马克思主义的捍卫和发展,形成了世纪之交关于马克思主义历史命运论争的大格局。这些理论上的分化和争论难免会对马克思主义后继者们确立和加强理论自信、坚定理论信仰产生影响。只有辩证地分析各执一词的观点、派别,历史地分析、客观地对待,才能划清与错误观点和思潮的界限,真正确立起理论上的自信。

　　第一次世界大战以后,社会主义运动发展状况以及西方马克思主义发展对理论自信所产生的影响主要体现在两方面。一是西方马克思主义的发展对中国特色社会主义理论体系的影响。"一战"结束后,苏维埃俄国的崛起和西方一些国家无产阶级革命的失败,特别是接踵而来的"大萧条",引起西方国家左翼知识分子和马克思主义者的强烈反思。在这样的大背景下,20世纪二三十年代,马克思主义在西方出现了"复兴"。比如,"西方马克思主义"的思潮应运而生,乔治·卢卡奇、卡尔·柯尔施和安·葛兰西所阐述的一些重要理论,成为"西方马克思主义"的起源思想。他们开创了对资本主义的意识形态特别是文化的批判,对后来马克思主义理论的发展产生了重大影响。以对资本主义制度批判为主题的各种理论思潮也孕育而出,形成了 20 世纪马克思主义在西方国家发展的基本取向。应当说,西方马克思主义跟随资本主义社会现实变化而转换批判的理论坐标,他们的批判精神和方法为我们认识资本主义的现状,在中国推进马克思主义理论的创新发展提供了有益的参考和镜鉴。同时,我们也要看到,西方马克思主义理论在为我们打开资本主义的文化政治学批判的大门之外,仍然是从资本主义社会实践中生长起来的思想理论,在寻求如何实现个人自由和解放的途径时仍难免陷入抽象的人道主义。在推进马克思主义中国化的过程中,盲目地推崇西方马克思主义的解释路径和思想观点,容易陷入"以西解马"的困境,使理论创造缺少真正的中国特色、中国气派、中国风格,会在一定程度上消解中国特色社会主义的理论自信。二是社会主义运动的低潮对中国特色社会主义理论自信的影响。20 世纪 90 年代前后,苏联解体、东欧剧变发生,社会主义运动遭遇前所未有的挫折,跌入低潮。世界范围内的马克思主义研究中,兴起一种反思和批判苏联马克思主义研究教条化和僵化性的潮流与趋势。以批判苏联马克思主义为主要内容的各种反马克思主义思潮也迅速兴起。西方敌对势力迫不及待地宣布"马克思主义已经死亡""自由与民主的理念已无可匹敌"。苏联马克思主义研究所暴露出的问题,使我们有机会反思改革开放前我们在马克思主义研究方面的不足与差距。但以东欧剧变为例彻底否定社会主义、否定马克思主义的反马克思主义思潮却在某种程度上干扰和削弱了马克思主义在中国的信仰,各种否定马克思主义科学性的言论破坏了中国特色社会主义理论自信。

(二)西方话语霸权带来的失语效应

思想理论作为意识形态的重要形式,必然受到经济基础的影响。西方发达国家在实力雄厚的经济霸权之上,逐渐取得意识形态领域的强势地位。为了保持资本主义的绝对优势,美国等西方国家想方设法、竭尽全力维护其话语霸权地位。马克思曾指出,每一个企图取代旧统治阶级的新阶级,为了达到自己的目的不得不把自己的利益说成是社会全体成员的共同利益,就是说,这在观念上的表达就是:赋予自己的思想以普遍性的形式,把它们描绘成唯一合乎理性的、有普遍意义的思想。多年来,西方国家以"普世价值"来标榜自身价值的所谓"合法性",力求用"西方评判标准"来衡量世界其他国家的思想文化。比如,美国凭借其强大的信息技术实力和优先发展起来的现代传播体系,采取各种隐蔽性伎俩,向落后国家输出自己的思维方式、价值观念、意识形态和宗教信仰,企图同化他们,教会这些国家的人们如何依托西方的价值观念去思考、用西方的话语去表达、参照西方的模式去实践。这种话语霸权的最终目的是要瓦解非西方国家的思想文化根基,将其永久置于西方统治之下。对社会主义中国,美国善于利用其掌握的互联网综合优势,高调炒作"宪政民主""人权高于主权""政治体制改革落后"等话题,借此削弱我国主流意识形态;在"人权"问题上,批判我国的人权状况糟糕、标榜自己的人权状况良好。

改革开放以来,我国综合国力日益发展壮大,早已摆脱"落后挨打"的处境,但在国际话语权的斗争中、在西方话语霸权之下,我们仍处于"被动挨骂"的局面,面临"失语"尴尬。西方利用话语霸权对我国实施的各种"软遏制",一定程度上消解了中国特色社会主义的理论自信。比如,西方故意夸大中国经济发展的成就,炒作"中国威胁论",既误导国际社会对中国的认识,又影响国内群众对我国改革开放成就和国际地位的评价,造成中国特色社会主义的盲目的、过度的自信,甚至是一种封闭的理论自负。再比如,西方国家长期垄断"民主""自由""人权"的话语权,无视中国特色社会主义民主、法治以及人权取得的进步,给中国贴上所谓"非民主""专制"等标签。他们善于利用长期经营起来的社会影响力和掌握的媒介平台优势,大肆炒作中国社会转型问题,炮制负面话题,极力渲染中国官员腐败、警察滥权、城管暴戾、医生无情和贪婪等,把一些偶然的社会事件上升到政治体制问题的高度,引导大众落入"中国政治制度不完善""中国缺乏法治"等话语陷阱,最终将矛头指向中国共产党的领导和社会主义制度。总之,这些戴有色眼镜的主观臆断,从两个方面影响着中国特色社会主义理论自信的确立和保持。一方面是在理论上,他们利用自身在话语方面长期积累起来的霸权,将代表自身利益的西方政治、经济、社会、文化等方面的思想理论粉饰为绝对的、普世的真理,自诩为人类"真、善、美"的代表,不遗余力在全世界兜售自己的理论。这种"己所欲者必施于人",企图从思想理论、价值观念上同化其他国家,直至消解他国的理论自信,动摇他国统治的思想理论根基。另一方面是在实践中,他们利用自身在信息技术和传媒传播方面的技术和话语优势,将自己美化成"以自由和民主为样板的灯塔国",并想方设法夸大其他国家政治经济文化方面落后的地方,极尽抹黑、污蔑之事,贬低别人,抬高自己,企图达到扰乱他国政治、经济、社会生活秩序的目的,消解他国民众对本国执政者的信心。

(三)非马克思主义思潮的冲击

在人类丰富宽阔的思想长河中,曾出现过许多内涵丰富的思想学说,但还没有一种学说像马克思主义那样对世界历史产生如此巨大的影响,也还没有哪种理论像马克思主义那样不断遭遇诸多责难和攻击。英国学者特里·伊格尔顿说:"马克思彻底改变了我们对人类历史的理解,这是马克思主义最激烈的批评者也无法否认的事实。"马克思主义对人类历史发展规律的贡献无法否认,同时,马克思主义自诞生以来也从不缺少批评和责难的声音。比如,有的认为马克思主义在马克思生活的时代还多少有些用处,但今天我们的世界在经济、政治、文化等各个方面取得了极大进步,马克思主义结束了,过时了。有的在看到东欧剧变、苏联解体后,认为马克思主义从理论上看也许有道理,但付诸实践的结果是恐怖独裁和暴政。有的则把马克思主义看作宿命论,把马克思主义对事物发展必然性的揭示等同于宿命论,认为那些以马克思主义思想进行统治的国家必然会对人类自由和尊严进行冒犯。有的则指责马克思主义是乌托邦之梦,共产主义的完美生活荒谬又不切实际。有的则攻击马克思主义是单纯的经济决定论,马克思是被动的唯物主义者,忽视人类精神层面,忽视人的能动性主体性,等等。有的认为马克思主义者倡导的是暴力的政治斗争,这就是拒绝温和渐进式的变革道路,采取通过制造血腥和混乱达成目标的革命方式,马克思主义与民主制度势不两立。有的认为马克思主义主张建立全面强大的国家,以专政集权的方式领导,彻底消除个人自由;马克思主义指导下的国家遵循这样的逻辑:人民让位于政党,政党让位于国家,国家听命于一个铁腕的领袖。[①]

开放的时代,没有封闭的舆论环境。随着我国社会经济生活和精神生活的日益多样化和多元化,国内社会思潮也呈现出复杂多样的态势。各种对马克思主义的责难和疑问,时刻影响着国内思想理论界。一些非马克思主义甚至反马克思主义的言论,冲击着国内党员干部和理论学者甚至普通群众在马克思主义方面的信仰。例如,"文化大革命"结束后,思想理论界在反思"文革"时,就受到以单纯的"阶级斗争论"来看马克思主义观点的影响,进而以"文化大革命"来否定马克思主义和毛泽东思想的指导地位,把对"文化大革命"的反对转换为对中华人民共和国建设时期的谩骂否定,成为否定1949年后30年乃至我们党史的历史虚无主义。20世纪80年代

---

① 参见[英]特里·伊格尔顿《马克思为什么是对的》,新星出版社,2011年。

末至 90 年代，"马克思主义过时论"也一度流行，认为"马克思主义只是革命学说"，它在建设中国特色社会主义的今天已经过时了。有的受"马克思主义只是经济决定论"影响，认为建设中国特色社会主义应该"取消"马克思主义。有的则接受"马克思主义是暴力的政治斗争理论"的观点，主张指导思想的多元主义。还有的受"马克思主义是乌托邦之梦"的影响，抛弃共产主义的奋斗目标，主张走民主社会主义的道路，提出建立一个社会公正、自由民主、世界和平的民主社会主义社会。总之，各种反马克思主义的思潮本质上都是否定马克思主义指导地位、否定工人阶级政党的领导地位的错误思潮。这些思潮对我们坚定马克思主义信仰，坚定中国特色社会主义的共同理想是一种消解的、否定的冲击。

（四）理论与现实之间的落差效应

从人类社会发展的总体来看，人类的发展进步充满了辩证法，有理论与现实的统一，也有逻辑与历史的统一。这种统一是有差异的统一，理论规范引导着现实的发展，具有超实践性；然而理论的逻辑虽然在先，但逻辑不能限制历史的发展。理论与现实之间总是会有一定的距离，如何认识和看待这种差异和距离关系着理论自信是否坚定。社会主义理论与现实之间的落差往往制约着理论自信的确立和坚定。这方面，具体有社会主义运动与资本主义发展之间的反差。马克思主义和社会主义理论是在对资本主义社会理论与实践进行批判的基础上建立起来的。一百多年来，资本主义的丧钟不断敲响，但资本主义并没有灭亡。而社会主义运动在东欧剧变以后却遭遇重大挫折。以苏联为代表的社会主义阵营的许多国家，纷纷通过各种方式抛弃马克思主义理论信仰，放弃社会主义发展道路，选择资本主义道路。这种社会现实的变局给中国人民内心带来的震撼前所未有，也使马克思主义的理论信仰和自信受到重创。曾任保加利亚共产党中央政治局委员的利洛夫认为,马克思主义是人类思想最伟大的成就,没有人如此深刻地分析资本主义。马克思主义必须发展,遗憾的是,19世纪蓬勃发展的马克思主义,20世纪却在苏东停止了发展。进入21世纪,资本主义世界虽然发生了严重的经济危机,但西方一些发达资本主义国家并没有在这场金融风暴中被击垮,仍然显示出较强的调节能力。尽管中国特色社会主义在改革开放以后取得伟大成就,证明了马克思主义和中国特色社会主义理论体系的强大生命力和真理性,展现了世界社会主义事业振兴的希望;但是,我们也要看到世界社会主义运动仍处于低潮,资本主义仍有发展空间。马克思主义信仰和社会主义共同理想的巩固需要社会运动去印证和支撑,世界范围内资本主义和社会主义发展的反差制约和影响着我们对社会主义的理论自信。

(五)意识形态工作不完善的影响

意识形态工作是党的一项极端重要的工作,它对于理论自信的确立至关重要。改革开放以来,社会主义中国取得举世瞩目的成就,其中社会主义意识形态工作也成绩突出。马克思主义的指导地位进一步巩固,社会主义文化建设繁荣发展,人们的精神面貌焕然一新,主流舆论健康向上,生动和谐的社会氛围不断显现。同时,复杂多样的社会思潮也为新时期社会主义意识形态工作增加不少难度,带来新的挑战,提出更高要求。在引领多样化社会思潮,应对复杂多变的意识形态斗争时,我们的意识形态工作难免会有一些失误,还存在一些不完善的地方。反思我们确立中国特色社会主义理论自信所遇到的挑战,不难发现,这些挑战在一定程度上与我国意识形态建设领域的某些不完善密切相关。

在宣传思想工作的领导方面,有领导不力、把控失严、责任不明的情况。习近平总书记提出,做好意识形态工作,宣传思想部门承担着十分重要的职责。同时，他也强调，宣传思想工作必须全党动手，树立大宣传的工作理念。现实中，有些地区或部门的党委没有从党和国家成败、兴衰的高度认识做好理论宣传教育工作的极端重要性，对宣传思想工作重视不够，认为理论宣传和教育比起其他行政工作、经济工作来，没那么重要。在这种观念作用下，部分党委对理论宣传教育工作不能很好地负起政治责任和领导责任。面对错综复杂的舆论斗争形势，对宣传思想领域重大问题的分析研判和重大战略性任务的统筹指导能力不够，领导宣传思想工作能力和水平还不能适应社会舆论变化对理论宣传教育工作的要求。提起宣传思想工作，很多人认为这是宣传部门的事，宣传部门应该做到守土有责，其他战线和部门只要做好自己分内之事即可，对于思想舆论方面的事不用过多干涉。随着对外开放的扩大和信息技术的发展，各种思想文化的交融、借鉴和碰撞日益增多。舆论场是民意场，也是各种矛盾反映和交织的集散地。在思想理论宣传领域，没有不相关的部门，没有不沾边的工作。而一些战线和部门还不能很好地参与进来，宣传思想工作还不能紧密地同各个领域的行政管理、行业管理、社会管理结合起来。还有一些地区在舆论宣传尺度方面有所放松，有的甚至放任"自由化"思潮、一些错误思想观点在较大范围内传播和流行。

在理论宣传方式方法方面，中国特色社会主义理论体系的宣传教育方式相对简单，方法还不够多样灵活。坚持团结稳定鼓劲、正面宣传为主是社会主义意识形态工作的一个重要方针。这些年，在正面宣传中，特别是中国特色社会主义理论体系的理论宣传方面，还存在着这样一些问题：一是宣传教育态度难免有高高在上、居高临下之嫌。有些理论教育仍沿用"我说你听"的惯性思维，没能把党员干部和群众放在心里，不去真切了解他们的思想、心理等需求，用高高在上的架势"诲人不倦"。二是宣传教育的口吻难免生硬、空洞说教。有些理论宣传"不会说话",要么是板起面孔"大话连篇",要么是语焉不详、空洞无物,很少用百姓熟知的"网言网语"和大白话大实话叙事,也缺乏用群众易接受的身边事小故事来讲道理,出现习近平批评的"与新社会群体说话,说不上去;与困难群众说话,说不下去;与青年学生说话,说不进去;与老同志说话,给顶了回去"。三是宣传教育的手段难免有形式刻板、套路老化等问题。有些理论宣传教育形式单一、思维陈旧,没有看到互联网给社会生活各个领域带来的全方位的变化,没有认识到人们在信息交互方面的网络依赖;有的宣传教育者还没有很好地掌握新兴媒体的宣传规律和技巧,理论宣传教育仍停留在老思路、老办法上。理论自信离不开对理论的宣传教育,没有把握好思想理论宣传教育的时、度、效,教育的效果就会大打折扣,理论自信的确立必然受到影响。

在对待热点问题和错误思潮方面,辨析引导不够及时有效。随着新兴媒体的发展普及,我们已经进入人人都有麦克风的信息时代,个性表达和思想解放是大势所趋。这种趋势之下的互联网呈现出这样一种舆论特点:越是偏激的、有攻击性的言论,越有人叫好;越是理性和正面的表达,越有人起哄甚至围攻。意识形态领域斗争的复杂性、严峻性时刻提醒我们:永远不能放松对错误思潮的警惕。一些所谓的公知往往利用人民群众希望获得公平正义的心理,善于炒作热点问题,对社会主义核心价值观所提倡的观念偷换概念,用以达到自己夹带政治私货的目的。面对过激言论和错误思潮,一些领导干部不是敢抓敢管、积极作为,反而缩手缩脚、左右摇摆,对错误社会思潮性质的界定、对其影响的评估不够及时准确,错误思潮在一定时期没能及时有效地受到批判和制止。"千夫诺诺,不如一士谔谔。"有的党员对恶意攻击、造谣生事的错误言论,没有担负应有责任,不是以鲜明的态度主动发声,帮助群众划清是非界限、澄清模糊认识,反而搞含糊其词、退避三舍那一套。在舆论关注、众说纷纭的热点事件面前怕出头、不担当，任凭舆论鼎沸甚至谣言扩散、矛盾激化也三缄其口，这不仅助长错误思潮的嚣张气焰，损伤党和政府的公信力，更贻误解决问题的时机，影响社会和谐稳定，影响我们的理论自信。还有一些领导干部没能科学辩证地对待不同的社会思潮，只是看到它们与马克思主义意识形态的差异性和矛盾性，没有认识和吸收它们的合理价值。这种闭目塞听的非理性态度，也造成了我们自身理论发展的僵化封闭，从而损害理论自信。

三、理论不自信的危害

理论不自信既存在于党员干部身上，也存在于普通群众中，还深深表现在思想理论界。理论不自信的后果是多方面的，无论是党员干部还是普通群众，无论是思想理论界还是社会其他领域，理论上的不自信都会带来严重的政治危害。

（一）党员干部理论不自信，则破坏党的先进性、纯洁性，甚至动摇党的执政地位

理想信念的动摇是最危险的动摇，理想信念的滑坡是最危险的滑坡。习近平总书记指出：我们党是否坚强有力，既要看全党在理想信念上是否坚定不移，更要看每一位党员在理想信念上是否坚定不移。理论上的清醒坚定是理想信念坚定的首要因素。只有坚定理论自信，解决好理想信念的问题，才能切实解决好世界观、人生观、价值观这个"总开关"问题。"总开关"问题没有解决好，这样那样的出轨越界、跑冒滴漏都在所难免。我们党是马克思主义武装起来的无产阶级政党，同西方的选举型政党不同，我们是主义型政党——先有对政治理论的信仰，先有理论上的自信才有的政党。党员干部理论上的自信坚定可以从两个方面对党的事业起到关键作

用：一是内化于心，造就一批对党忠诚、个人干净、敢于担当的干部队伍；二是外化于行，形成示范，严肃党风党纪，纯正党内政治生活。

从内化于心看，党员干部理论不自信，则会出现对党不忠、为政不廉、为官不力，最终侵害党的肌体，党的伟大斗争、伟大工程、伟大事业、伟大梦想将会受到严重损害。马克思主义理论素养是领导干部素质的核心和灵魂，掌握马克思主义理论是领导干部的基本功。没有这项基本功，坚守共产党人的信仰，共筑精神家园也就无从谈起。党员干部如果理论上不够坚定自信，出现信仰信念动摇，就会对马克思主义、中国特色社会主义心存疑虑，甚至求神拜佛、迷信西方。现实中，有的干部在政治生活中口头上高喊信仰马克思主义、中国特色社会主义，但实际上却是"不信马列信鬼神，不信真理信金钱""修身不真修，信仰不真信"；对党"伪忠诚"，搞当面一套、背后一套，对群众台上一套、台下一套，成了表里不一的"两面人"；执政中，与党和人民离心离德，把党的宗旨和群众利益远远抛在脑后；对个人主义、拜金主义的信奉，使他们最终丧失党性，无视党纪国法，搞权钱交易、权色交易、权权交易。还有些浑浑噩噩、无所作为，不主动、无担当，碰到难题绕着走，做一天和尚撞一天钟。党员是党肌体的细胞，党员干部理论上自信与否，决定着其精神风范和政治本色。当前，我们党正在推进伟大斗争、伟大工程、伟大事业、伟大梦想，肩负的任务艰巨繁重，需要攻克的难题也很多。国际国内环境十分复杂，政治考验增多、风险挑战增多。党员干部如果不能做到理论上自信坚定，势必出现信念动摇、背离人民、欺骗组织，进而目无法纪、以权谋私、道德败坏，不能更好地为党分忧、为国奉献、为民谋利，严重影响伟大斗争、伟大工程、伟大事业和伟大梦想，甚至可能出现亡党亡国的危险。

从外化于行看，党员干部理论不自信，则会破坏党风党纪，损害党内政治生活。党员干部是党的执政骨干，一言一行在党内以及群众中有典型的示范效应。党员干部理论上不自信，就不能成为中国特色社会主义共同理想的忠实践行者。党员干部思想上出问题，其行为必然受影响。破坏党风党纪是党员干部理论不自信的一个严重后果。《人民论坛》杂志发表的《当前中国十大社会病态分析报告》在回答"哪类群体信仰危机最严重时"，57.5%的网友认为信仰危机主要表现在官员群体身上。一段时间以来，部分党员干部因理想信念模糊甚至动摇，出现了精神上"缺钙"、政治上变质、经济上贪婪、道德上堕落、生活上腐化等问题。受这些党员干部的影响，一些行业领域形式主义、官僚主义、享乐主义和奢靡之风盛行，一些地区和部门潜规则大于共同理想，圈子文化取代先进文化，党内政治生活受到严重影响，出现庸俗化、随意化、平淡化倾向。理想信念的城池一旦失守，政治生活准则就会失灵失效。党内纯洁干净的同志关系被庸俗的依附关系所代替，选人用人的风气被破坏。一些信念坚定、心系人民、襟怀坦荡的干部得不到重用，信仰动摇、欺骗组织的人却得到提拔；部分投机钻营、跑跑送送、争功诿过的人得到提拔，坚持原则、敢抓敢管、认真负责的同志却受到冷落，党的事业受到严重损害。一个政权的瓦解，往往从思想领域开始；党内风气的破坏，往往从理想信念的丧失或缺失开始。大卫·科兹和弗雷德·威尔在《来自上层的革命——苏联体制的终结》中有份调查数据令人触目惊心：1991年6月，苏共党政要员群体中，大约9.6%的人具有共产主义信仰，他们明确支持改革前的社会主义制度；12.3%的人持民主主义观点，拥护改革，并希望社会主义国家实现民主化；高达76.7%的人则认为应实行资本主义。对社会主义理论的不自信乃至动摇，是苏联解体的一个重要原因。当时一些苏共党员甚至领导干部丧失了理论自信和理想信念，成为否定苏共历史和社会主义的"典范"，苏共党内从思想混乱到组织混乱，最后丧失了执政地位。

（二）人民群众理论不自信，则民心动摇，破坏群众基础

中国共产党最大的政治优势是密切联系群众，党执政后的最大危险是脱离群众。人民群众对中国特色社会主义理论的信仰和认同是否坚定，直接反映人心向背，决定我们事业的群众基础是否牢固。群众中出现马克思主义和社会主义的理论动摇，直接从三个方面影响当代中国的发展进步。

一是理论上的动摇和不自信，会削弱主导价值的引领力量。指导理论往往蕴藏着价值体系，主导着社会的价值观念。而每一个有序运行的社会，都需要明确的价值支撑和价值引导。中国特色社会主义理论体系包含着社会主义核心价值观，中国特色社会主义理论自信自然包括对社会主义核心价值观的认同。社会主义的核心价值观念揭示的是社会主义制度的内在精神之魂，它有序地规范着人民的价值判断，影响人们基本的价值判断和行为选择，能够把众多个体凝聚起来、规范起来。如果人民群众对中国特色社会主义理论体系的信仰不够坚定，就会影响到他们对社会主义核心价值观的认同。社会价值观动摇，社会发展就失去方向盘，国家进步就失去稳定器。尤其是在当前经济体制深刻变革、社会结构深刻变动、利益格局深刻调整、思想观念深刻变化的时代，价值观念的多样性、差异性不断增强，更需要我们用社会主义核心价值观念去主导、引领其他价值观念。失去主导价值观的引领，良莠杂陈的社会价值观念势必相互激荡，失去主心骨和主方向。

二是理论上的动摇和不自信，会削弱共同理想的凝聚力量。共同的事业需要共同的奋斗，共同的奋斗需要形成共同的思想基础。我们这样一个拥有 8900 多万党员的世界大党、这样一个有 13 亿多人口的大国，面对深刻变化的国际国内环境，面对人们思想多元、多样、多变的新情况，必须有能够凝聚人心的共同思想基础。中国特

色社会主义共同理想是为中国发展进步导航的罗盘，是引领航船前进的风帆。这一理想信念包含着实现中华民族伟大复兴的宏伟目标，指明了民族复兴的具体路径，能够把各个阶层、各个群体对美好生活向往的共同心愿结合起来。中国特色社会主义共同理想出现动摇，我们将失去一个代表最广大人民根本利益、为社会各个阶层所广泛认可和接受、能集中各个方面智慧和力量的理想信念。广大人民群众前进步伐的协调性受到影响，国家发展将迷失方向，最终毫无疑问导致人心涣散、社会动乱，后果不堪设想。

三是理论上的动摇和不自信，会削弱崇高精神的鼓舞力量。改革开放以来，我们在建设中国特色社会主义的过程中，战胜了一系列困难挑战，从容应对了一系列重大事件，胜利完成了一系列重大任务。之所以能够做到这些，从根本上说，就是因为有党的坚强领导，有中国特色社会主义理论体系给予的崇高精神和信念力量。在未来的新的长征路上，还有许多"腊子口""娄山关"需要攻克，可以预见和难以预料的各种困难、风险和挑战需要我们去应对。如果人民群众出现理论上的不自信，那么我们应对各种困难、风险和挑战的精神支柱就会出现动摇。当前我们的党群关系总体向好，但党群之间也存在一定的信任危机，出现"塔西佗陷阱"。习近平总书记曾深刻指出，从一定意义上讲，信仰危机折射的是信任危机，根子在上边。受党员干部理论不自信影响，人民群众出现理论上的动摇和不自信，则很容易丧失精神上的鼓舞力量，势必掣肘伟大梦想的实现。

（三）思想理论界理论不自信，则影响社会主义意识形态安全

坚定中国特色社会主义理论自信，需要理论创新。思想理论界是推进理论发展创新的主体力量，在全社会坚定理论自信方面承担着领头羊的角色，肩负着重要使命。理论工作者的理论自信出现问

题,不仅妨碍理论创新前进的步伐,还会损害社会其他群体理论自信的坚定性,甚至影响社会主义意识形态的安全。目前,我国思想理论界理论不自信的表现主要有以下三个方面。

一是缺乏深入的理论自觉,导致理论创新力度不够,理论自信的根基不牢。理论自信的一个重要表现就是以坦然开放的态度对待所坚持的理论,接受并克服自己理论的不足和局限,不断促进理论创新发展。因此,保持理论上的创新发展,是理论自信的题中应有之义。有人说,解读一个政党组织的发展壮大,关键在于它的理论魅力如何展示。中国共产党是始终高度重视理论指导的世界大党。在90多年的发展进程中,我们党一以贯之地保持高度的理论自觉,不断推进马克思主义理论创新发展,以理论上的自觉坚定推动事业的发展进步。实践基础上的理论创新是社会发展和变革的先导,通过理论创新能推动制度创新、科技创新、文化创新以及其他各方面的创新,这是我们党确立和坚定理论自信的重要内容。很难相信不注重创新、不加强发展的理论何以能自信。作为推进理论创新发展的重镇,思想理论界的理论自觉与否影响着理论创新的质量和水平。能不能自觉担当起创新的职责,能不能自觉推动理论发展,是衡量理论工作者理论自信与否的重要标准。现实中,一些学者不能把创新发展理论作为自觉追求,缺乏推陈出新的勇气和魄力,自满于马克思主义和中国特色社会主义理论体系的现状,缩手缩脚,不敢大胆突破;一些研究者缺少推进创新的思想担当,满足于简单阐释、修修补补,不求无功但求无过,不能自觉把推进创新作为使命职责。这种没有主动创新精神的理论被动,限制了党的指导理论学术研究的深度、宽度和广度。没有深入的创新发展,理论的学术性、科学性自然要打折扣,缺乏吸引力、凝聚力,自信也无从谈起。

二是一味跟风,"言必称希腊",容易产生方向性失误,理论自信转为理论他信。诚然,中国特色社会主义理论自信的确立和发展,是一个不断向西方学习，不断吸收西方发达资本主义国家优秀文明成果的必然结果。但学习和吸收不等于全盘照收，而是一个去粗取精、去伪存真的批判过程。我们看到，在理论界还存在着盲目照搬照抄西方理论的现象，对待西方的理论不加辨析，"一味拿来"。有的把西方研究奉为圭臬，认为我国的政治学、经济学、社会学起步较晚，必须全面学习西方政治学、经济学、社会学的概念、判断和研究范式，做课题、写文章"言必称希腊"。有的则认为西方的才是科学的、先进的，文必引西方，以西方的研究热点为热点，对本民族的优秀成果视而不见，不屑一顾。曾任武汉大学校长的陶德麟曾尖锐地指出理论研究文风上的突出问题：现在有的博士生写的论文可以说是用汉字写的洋文，用汉语说的洋话，不仅我看得非常吃力，他们彼此之间也常常因为看不懂对方的文章而叫苦不迭，要中国老百姓喜闻乐见恐怕更是难上加难了。这种不加取舍地照搬照抄是理论不自信甚至理论自卑的重要表现，其后果很严重。这种理论上的盲从，久而久之会失去对错误理论的分辨能力，无法看清西方敌对势力利用技术优势和话语霸权进行文化渗透和价值观颠覆的本质，无法鉴别披着"普世"外衣背后的险恶用心，反而成为其帮手，理论自信转为理论盲从和他信，从而犯方向性错误，导致思想混乱，人心不稳。同时，理论学风不正，贻害社会。现在不少党员干部进行理论学习，也热衷于讲形式、摆花架子，这种脱离实际的现象令人担忧。

三是脱离新的实践、新的发展，导致理论创新不切实际、不接地气。中国特色社会主义伟大实践为中国的理论创新奠定了坚实的基础，我们能不能建立起中国特色、中国风格、中国气派的理论体系，关键还要看能不能联系中国国情，立足中国实践，这是中国理论工作者推进创新的责任和使命。中国特色社会主义理论自信应当建立在中国问题研究之上，要从中国实际出发，不能从概念出发，更不能用所谓西方模式作为标准来衡量中国。我们必须清醒地看到，相对于中国改革开放所取得的巨大成果,我们理论上的更新没有跟上这样伟大的发展实践。这与当前理论研究中的教条主义、本本主义和经验主义有很大关系。延安整风时期,毛泽东就对那种脱离中国国情和实际的学风进行了批评。他指出,几十年来,很多留学生都犯过这种毛病,他们从欧美日本回来,只知生吞活剥地谈外国。他们起了留声机的作用,忘记了自己认识新鲜事物和创造新鲜事物的责任……理论和实际分离。在学校的教育中,在在职干部的教育中,教哲学的不引导学生研究中国革命的逻辑,教经济学的不引导学生研究中国经济的特点,教政治学的不引导学生研究中国革命的策略,教军事学的不引导学生研究适合中国特点的战略和战术,诸如此类。其结果,谬种流传,误人不浅。较长时间以来,一些人脱离中国国情,没有看到改革开放以来新的实践、新的发展,不加分析照搬西方学术方法,仍然是"头重脚轻根底浅"。比如,一些经济学、社会学等学科论文出现新"八股",先是理论概括,然后是数学模型、数据,装腔作势,就完成了。这种缺少问题意识,缺乏对中国生动活泼改革发展实践的剖析,自然就缺少针对性和现实性,因此也没有说服力。有人坦陈,空谈中国与国际接轨的理论研究和学术活动,严重脱离中国改革发展的实践,不顾中国社会发展的新的阶段性特征,继续下去将成为社科界的一大公害。在理论研究中,既不罔顾国情、超越阶段,也不因循守旧、墨守成规,更不全面移植、照搬照抄,才能解决中国特色社会主义建设中的重大问题,才能更好地维护人民权益、维护社会公平正义、维护国家安全稳定。

第七章

润物细无声
——理论自信的实现途径

———

杜甫在《春夜喜雨》中留下"随风潜入夜,润物细无声"的名句,向我们展示了春雨悄然无声滋润大地的美好意境。后来,人们用这两句诗来形容宣传教育活动应该达到的理想境界。在实现理论自信的过程中,开展学习、宣传教育活动能够使理论与人实现结合。加强理论教育,使理论在"润物细无声"中与党员结合、与群众相融,这是提升广大党员干部和人民群众的理论自信,实现中国特色社会主义理论自信的重要途径。

一、加强党内理论学习

在不同的历史时期,用马克思主义中国化的最新理论成果武装全党,提高全党马克思主义理论水平,是我们党在长期实践中形成的优良传统,是中国共产党在政党建设和治国理政方面的一条成功经验。列宁曾指出:"没有革命理论,就不会有坚强的社会党,因为革命理论能使一切社会党人团结起来,他们从革命理论中能取得一切信念,他们能运用革命理论来确定斗争方法和活动方式;维护这个具有起码理解力的人都认为是正确的理论。"①俗话讲,打铁先得自身硬。只有加强全体党员的理论学习,使其真正掌握理论,确立起理论上的自信,理论才能发挥列宁所说的重要作用,才能带动广大干部群众学习理论,坚定自信。

(一)党内理论学习:提升理论自信的重要法宝

中国共产党从成立时起,就把马克思列宁主义作为自己的旗帜,作为指导思想。从党 90 多年的历史来看,重视理论武装是党的优良传统和党建原则。正如习近平总书记强调的,我们党历来重视抓全党特别是领导干部的学习,这是推动党和人民事业发展的一条成功经验。建党初期,由于种种历史条件的限制,相当一部分党员干部理论水平和文化程度偏低。加强党内理论学习,成为提高党员干部能力、素质水平的重要途径,也是全党确立马克思主义理论自信的主要方面。当时,用党的理论武装党员干部,成为关系革命成败的大事。无论是延安整风还是中华人民共和国成立前后的整党整风,系统的马克思主义理论武装,使全党的马克思主义理论水平不断提高,党员干部的理论自觉和理论自信不断提升。党的创新理论推进一步,理论武装工作就跟进一步。改革开放新时期以来,我们党在开创中国特色社会主义道路的同时,创立了中国特色社会主义理论体系,坚持不懈用这一理论体系的创新成果——邓小平理论、"三个代表"重要思想、科学发展观、习近平新时代中国特色社会主义思想来武装全党。从"三讲"集中教育活动到保持共产党员先进性教育活动,从学习实践科学发展观活动到党的群众路线教育实践活动……集中学习教育是党内理论学习的重头戏,对提升党员干部

① 《列宁专题文集·论马克思主义》,人民出版社,2009 年,第 95—96 页。

理论自信具有重大作用。理论从实践中来，到实践中去。遵循这样的认识路线，理论才能武装全党，从而发挥理论创新的实践功能，坚定理论上的自信。党内理论武装和学习，起着理论与实践之间的中介和桥梁作用，将党的理论创新最新成果传播至广大党员干部之中，使其接受信服进而运用贯彻。广大党员在理论学习过程中，明辨是非、认清方向，把握大政方针、明确主要任务，从而自觉维护党中央权威，保持全党令行禁止。党内理论学习就是统一全党思想的最好途径，是防止走错路、办错事的重要方法。

党的十八大以来，形势的发展和事业的进步将许多难题摆在全党同志面前。进行具有许多新的历史特点的伟大斗争，如何攻坚克难；深入推进党的建设新的伟大工程，如何重整行装；开展中国特色社会主义伟大事业，如何谱写新篇；党要带领人民实现"两个一百年"奋斗目标，正确的途径和方略是什么；面对多种多样的新问题新矛盾，怎样有效化解；经济发展进入新常态，发展规律是什么；并不平坦的复兴征程上，思想基础如何巩固；错综复杂的舆论场和纷纭激荡的社会思潮中，如何坚定自信、站稳脚跟；等等。要正确回答这些问题，加强理论武装是必然要求。党内理论学习成为进行伟大斗争、建设伟大工程、推进伟大事业、实现伟大梦想的重要方面。学习贯彻习近平新时代中国特色社会主义思想，学习宣传这一重大理论创新成果，将理论武装工作推进到新阶段。党员干部掌握理论、明确方向、创新方法需要理论学习，解除认识困惑、排除思想障碍、矫正观念偏差仍然需要不断加强理论学习。新形势新要求下，加强党内理论学习是实现新目标、解决新问题、适应新态势的必然之举。

（二）以学习内容的全面丰富提升理论自信

"读书破万卷，下笔如有神。"坚定的理论自信离不开对丰厚理论知识的占有和把握。丰富党员干部的理论知识，是提升其理论自信的关键。中国特色社会主义伟大事业涉及全社会各行各业,对党员干部的理论水平和知识储备要求很高。没有锋利的"金刚钻",就无法揽好"瓷器活"。党员干部如果没有"两把刷子",很难在进行伟大斗争、建设伟大工程、推进伟大事业、实现伟大梦想中大显身手。中国特色社会主义理论自信的确立,可以通过拓展和丰富学习内容来实现。

一是上好马克思主义基本原理的必修课。中国特色社会主义理论体系是马克思主义中国化的最新理论成果。作为马克思主义指导下的无产阶级政党的成员,确立理论自信特别是中国特色社会主义理论自信,首先是确立对马克思主义基本理论的自信,这是共产党人的"真经"。毛泽东曾这样说过:"马克思这些老祖宗的书,必须读,他们的基本原理必须遵守。"邓小平也曾语重心长地说,马克思主义是我们的老祖宗,"老祖宗不能丢"。因此,学习马克思主义理论是党内学习位列第一的必修课。一段时间以来,部分党员的理论学习存在一定问题:有的轻视理论学习,认为这不"实用"、不重要;有的学习内容不全面不深入,流于表面、过于肤浅;有的学习理论喊得多学得少,呈"口号化"倾向;有的学用不一,不能学以致用,等等。这些问题既有学习态度方面的,也有学习方法方面的;既有党员自身原因,也有学习环境和体制方面的……很大程度上与马克思主义的必修课没有上好有关。上好理论必修课,在学习内容方面要学系统、学全面,不断加强对经典著作的学习研读,深化对马克思主义哲学、马克思主义政治经济学、科学社会主义的学习,对马克思主义的基本内容有根本性的认知和理解,从而信服马克思主义的真理性,进一步坚定理论自信、站稳政治立场,从容应对各种反马克思主义的干扰和纷争。以毛泽东为代表的第一代中国共产党人在革命和建设实践中,以独创性理论丰富和发展了马克思列宁主义。上好必修课也要学习掌握毛泽东思想,运用好毛泽东思想的活的灵魂,强化对中国革命长期艰苦斗争中形成的具有中国共产党特色立场、观点的认知，坚定对红色基因的传承，对苦难辉煌历程中铸就的革命理论和文化的自信。包括邓小平理论、"三个代表"重要思想、科学发展观和习近平新时代中国特色社会主义思想在内的中国特色社会主义理论体系，是同马克思列宁主义、毛泽东思想既一脉相承又与时俱进的马克思主义中国化理论成果，是中国共产党人理论自信源泉的重中之重。要持续深入地学习中国特色社会主义理论体系的所有成果，特别是要学习习近平新时代中国特色社会主义思想，领会其历史地位、时代背景、科学内涵、精神实质和根本要求，坚定理论自觉和信赖，增强投身中国特色社会主义伟大事业的自觉性、坚定性。只有以老老实实的态度、扎扎实实的功夫和持之以恒的毅力认真学习，才能达到思想理论上的坚定清醒。

二是重点把握习近平新时代中国特色社会主义思想。理论创新是进行时，新思想新观点不断提出，理论学习就不能一劳永逸。理论创新永不停息，学习领会没有止境。党的十八大以来，以习近平同志为核心的党中央，谱写中国特色社会主义新篇章，开创党和国家事业新局面，创立了习近平新时代中国特色社会主义思想。这是中国特色社会主义理论体系最新成果，是马克思主义中国化最新成果，是指导具有新的历史特点的伟大斗争的鲜活的马克思主义。紧密跟进党的理论创新步伐，就要及时学习掌握习近平新时代中国特色社会主义思想的新内容新精神，要在新实践中不断加深对其中包含的新理念新思想新战略的理解把握。充分认识这一重要思想理论创新成果的重大政治意义、理论意义、实践意义和方法论意义，理解把握这一重要思想的科学内涵和精神实质，坚持读原著、学原文、悟原理，全面系统地学、融会贯通地学，真正学懂、学透、学通，努力把零散的感性理解上升为系统的理性认识，真正从内心里提高理论自信和政治政策水平。

三是广泛学习中国特色社会主义事业所需要的一切知识。党员干部都是各行各业的先进代表，是各地区各领域的模范先锋。中国特色社会主义理论自信的坚定不是孤立的、封闭的，离不开各方面理论知识的支撑和涵养。特别是在信息化、全球化时代，知识更新的速度日新月异、一日千里。同时，当今中国经济社会发展的广度和深度远远超出了马克思主义在发展过程中已有的理论积累。我们正在进行的许多新的历史特点的伟大斗争，还有许多重大理论和实践课题迫切需要回答。在复杂形势面前，确有不少党员干部产生这样那样的认识困惑，存在大大小小的思想障碍，有着或多或少的观念偏差。实际工作方面的理论不足和知识匮乏，必然影响中国特色社会主义的理论信心，影响具体工作的开展，影响党员骨干作用的发挥。只凭老经验旧套路，难以担当时代的重任。学习既要抓重点，也要注意拓展其他领域。党员干部必须适应时代进步和事业发展要求，广泛学习经济、政治、文化、社会、生态文明以及哲学、历史、法律、科技、国防等各方面知识，提高战略思维、创新思维、辩证思维、法治思维、底线思维能力，以各方面各领域建设的新成就和新发展为坚定理论自信提供现实依据和实践支撑。

（三）以学习掌握马克思主义立场、方法来提升理论自信

加强党内理论学习既要让党员干部学习掌握马克思主义基本原理，更要学习掌握蕴藏其中的立场、方法。只有将马克思主义的观点与其立场、方法融会贯通，理论才能真正掌握得炉火纯青。毛泽东曾有个形象的比喻："我们的任务是过河，但是没有桥或没有船就不能过。不解决桥或船的问题，过河就是一句空话。"[①]确立理论自

---

① 《毛泽东选集》第 1 卷，人民出版社，1991 年，第 139 页。

信,要掌握"过河"的任务,更要解决"桥和船"的问题。掌握马克思主义立场、方法就是要解决"桥和船"的问题。

融会贯通马克思主义世界观方法论,提高战略思维、历史思维、辩证思维、创新思维、底线思维能力。辩证唯物主义、历史唯物主义和实践唯物主义是对马克思主义世界观和方法论的一种总结概括。这其中包含着世界物质统一性原理、事物矛盾运动的基本原理、认识和实践辩证关系原理、社会基本矛盾的分析法、群众是历史创造者的观点,等等。与之相对应,坚持一切从实际出发,强化问题意识、承认矛盾的普遍性和客观性,认识世界普遍联系和永恒发展的特性,坚持实践第一、不断推进实践基础上的理论创新,把握生产力和生产关系、经济基础和上层建筑的矛盾,尊重群众的主体地位等,是蕴藏其中的重要方法,是马克思主义的看家本领。提升理论自信,就要掌握这些看家本领。遵循物质统一性原理,认清当代中国最大的客观实际是我国仍处于并将长期处于社会主义初级阶段,把它作为我们认识当下、规划未来、制定政策、推进事业的客观基点。看到矛盾的普遍存在,认清问题是矛盾的表现形式,坚持问题导向,善于把认识和化解矛盾作为打开工作局面的突破口。充分运用辩证方法观察和处理问题,在对立中把握统一、在统一中把握对立,克服极端化、片面性;学会发展地而不是静止地、全面地而不是片面地、系统地而不是零散地、普遍联系地而不是单一孤立地观察事物、处理问题。靠实践出真知,坚持理论与实践的统一,不断实现理论创新和实践创新的良性互动。尊重生产力标准,把握住发展仍是解决我国所有问题的关键,围绕发展的第一要务全面深化各领域改革。坚持一切为了群众、一切依靠群众,从群众中来、到群众中去的群众路线,不断提高为人民服务的实际本领。

站稳马克思主义立场,增强辨析错误思潮和观点的能力,敢于向错误思潮和观点亮剑。批判性和斗争性是马克思主义理论鲜明的特征和品质,也是共产党人的党性要求和无畏气概。如前所述,保持理论上的自信和战略上的定力,须臾离不开斗争和批判精神。中国特色社会主义理论自信确立的过程也是与各种错误思潮和观点斗争、批判的过程。习近平总书记曾引用顾炎武"诚欲正朝廷以正百官,当以激浊扬清为第一要义"之语来警示和号召全党要敢于向各种错误思潮和观点亮剑。当今世界,全球思想文化交流交融交锋呈现新特点。交流交融中包含着社会主义与资本主义两大价值体系的交锋,思想的对立和交锋又隐藏在我国对西方发达国家的开放交往中;资本主义意识形态的输出渗透在文化的交往交流中,潜移默化,甚至被喜闻乐见。如果理论上不够清醒自信,政治鉴别力不强,很容易被迷惑和误导。只有掌握马克思主义世界观和方法论,才能站稳立场,在事关大是大非和政治原则问题上增强主动性、掌握主动权、打好主动仗,旗帜鲜明地反对错误思潮。判断一种思想理论、制度安排和发展道路的好坏关键要看是否始终把人民放在第一位。站稳马克思主义立场,也就是要站稳人民立场,追求为了人民、造福人民、保护人民,以保障人民权益为出发点和落脚点。同时,强化党性意识、坚持党性原则,带头批驳错误思潮、言论,敢于发声、敢于亮剑、敢于正本清源,帮助干部群众划清是非界限、澄清模糊认识。按照《党委(党组)意识形态工作责任制实施办法》《党委(党组)网络意识形态工作责任制实施细则》等规定和要求,在意识形态领域里立场坚定,爱憎分明。

(四)以党内学习制度的创新来确保理论自信的提升

理论学习不仅仅依靠主体的内在自觉,也需要主体之外的约束和保障。我们党历来重视思想建党,不断加强理论武装,善于通过创新完善党内学习制度,促进党员干部理论学习和业务学习的制度化、经常化。党的历代领导人都十分重视党内学习的组织性、制度性。延安时期，毛泽东曾指出，同志们不能看看书就算了，还要有组织地学习。全国各级党部，边区各级政府，各个民众团体，各类学校，都须设立这样的机关，建立这样的制度，来领导并进行学习。这样的要求和号召为党内学习制度的确立和完善提供了重要遵循。改革开放时期，邓小平也对党内学习制度的问题提出要求："要把学习搞好，认真建立学习制度。要加强对学习的领导。市委、直属党委要研究这个问题。"历经革命、建设和改革的发展历程，我们党形成了一套行之有效的党内学习制度。目前，这套学习制度从总体来看是有效的，对规范和保障全党的学习发挥重要作用。同时，也要看到，面对新的任务和要求，还有一些亟待创新和完善的方面。进一步创新学习制度，加强党员干部的学习，一方面必须坚持已有的有效的方面，形成重要抓手不断完善；另一方面，需要创新学习形式、手段和方法，促进党内学习制度不断升级发展。

突出重点，学习由"软任务"变"硬约束"。改革开放以来，我们党在加强党员干部学习方面进行创新和探索，逐步形成了党委（党组）理论学习中心组学习这一重要载体。坚持有效的学习制度主要是以党委（党组）中心组学习制度和党课制度为抓手，各级党组织定期开展集体学习。"中心组学习"在我们党历史上的渊源可以追溯到延安时期，当时中央就建立了严格的学习制度，成立以中央委员为成员的中央学习组，由毛泽东任组长，统一管理指导延安及各地高级学习组的学习。后来又成立学习总委员会（简称总学委），有力地推动了全党的学习。党的十一届三中全会之后，各级党委适应改革开放的新形势，逐步形成了党委集中学习的做法。目前，党委（党组）理论学习中心组学习已成为各级党委（党组）领导班子和领导干部在职理论学习的重要组织形式，是建设学习型服务型创新型马克思主义执政党、提高党的执政能力和领导水平的重要途径，是中国共产党一个独特的政治优势。特别是中央政治局定期开展集体学习,为全党作出表率。党的十八大以来,以习近平同志为核心的党中央高度重视中心组学习,并身体力行,率先垂范。十八届中央政治局在近五年的时间里,进行了40多次集体学习。这40多次集体学习的内容主题,勾勒出党中央施政方略的基本脉络,成为展现我们党治国理政新理念新思想新战略的重要窗口,成为全党理论学习的重要标杆。在全党坚持和推广集体学习制度,是新形势下加强党内学习制度建设的重中之重。为了进一步推进党委(党组)理论学习中心组学习制度化、规范化,中央办公厅在2017年3月专门印发《中国共产党党委(党组)理论学习中心组学习规则》(以下简称《规则》)。《规则》共5章17条,对党委(党组)理论学习中心组学习的性质、定位、原则,内容、形式、要求,组织、管理、考核等方面作出了明确规定,提出了新要求。党委(党组)理论学习中心组学习以政治学习为根本,以深入学习中国特色社会主义理论体系为首要任务,以深入学习贯彻习近平总书记系列重要讲话精神为重点。中心组将集体学习研讨作为学习的主要形式,外加个人自学、专题调研等,中心组成员应当积极参加学习讲坛、读书会、报告会等学习活动,充分利用网络学习平台开展学习,拓宽学习渠道,提升学习效果。《规则》还对学习管理、考核和问责作出严格要求,理论学习的硬约束更加具体规范,有助于理论学习对全党学习"风向标"和"排头兵"作用的充分发挥。今后,理论学习有了可资规范的重要新依据。

坚持开展党内集中学习教育,根据形势任务的变化及时更新学习内容。正如习近平所指出的:"在每一个重大转折时期,面对新形势新任务,我们党总是号召全党同志加强学习;而每次这样的学习热潮,都能推动党和人民事业实现大发展大进步。"在长期实践中,我们党在开展党内学习方面除了创设中心组学习制度之外,还积累了党内集中学习教育的成功经验和有效做法。如"三讲"教育活动、保持共产党员先进性教育活动、深入学习实践科学发展观活动等;

如党的十八大以来，党中央相继开展党的群众路线教育实践活动、"三严三实"专题教育、"两学一做"学习教育等。同经常性的党内教育不同，党内集中教育活动具有持续时间较长、投入多、要求严、内容广等特点。这些党内集中学习教育活动，坚持根据形势和任务的新变化、时代发展对党的建设的新要求，注重思想教育成果与实践成果的有机统一，广泛动员人民群众积极有序参与，以正面教育和自我教育为主，取得了多方面的成效，有效地增强了全党的理论自信。党内集中教育已成为经常性教育的延续和深化，在党内学习、增强理论自信方面发挥了不可替代的作用。今后，要着眼于思想理论武装、坚定理想信念信仰，适时推进教育活动，动员和激励全体党员干部认真完成规定的学习任务，提高思想理论水平，增强政治意识、大局意识、核心意识、看齐意识，自觉在思想上、政治上、行动上同党中央保持高度一致。立足于学习提高，大力弘扬理论联系实际的学风，提高党员联系和服务群众的能力，提高各级领导班子和领导干部驾驭复杂局面、解决现实问题的能力。着眼于解决党内突出问题，在解决实际问题上下功夫，把是否解决了群众反映强烈、通过努力能够解决的突出问题和群众是否满意作为衡量集中教育活动成效的重要标准，切实用发展着的马克思主义武装全党，不断提高全党的理论自信。

坚持中央领导同志做专题报告制度，以上率下带动学习。榜样的力量是无穷的。领导带头，众星拱北。我们党向来重视领导带头学习、善于发挥中央领导的示范效应，延安时期就开展"有计划地进行中央负责同志的大讲演"。从《整顿党的作风》《学习和时局》《抗日战争胜利后的时局和我们的方针》到《关于重庆谈判》《时局问题及其他》等，毛泽东带头先后多次在中央党校做颇具影响的报告。同期，周恩来、朱德、刘少奇、任弼时等中央领导同志也经常到抗日军政大学、中央党校等处做专题报告。近些年来，中央领导同志做专题报告进一步制度化、常态化。《关于新形势下党内政治生活的若干准则》在继承老经验的基础上，对十八大以来党中央加强学习制度建设新经验进行了进一步总结和升华，明确提出要坚持中央领导同志做专题报告制度。这一制度充分发挥中央领导同志站位高、视野宽、分管领域广、掌握情况多的优势，有利于党员干部更好地提高马克思主义思想理论水平，提高用马克思主义立场观点方法观察、分析和解决问题的能力，加深对中央大政方针和重大决策部署的理解，有利于更为直观地接受党性教育和党性熏陶，而且能够产生以上率下、一级带一级的强大示范作用，对推动形成全党重视学习、加强学习的风气具有重大意义。

坚持已有成功经验和有效做法的同时，要不断创新党内学习的方式方法。比如，加强创新党课制度。党课是对党员进行党性教育的重要途径。但这一制度在过去一段时间里规定不够明确，各个地区和部门执行的标准也不一样，有的规定每月一到两次，有的规定每季度一次，有的规定每半年一次。从实际看，党课安排的频率要合理，既不能太少，也不宜太密集。结合本地区或本部门的实际，结合形势任务的变化，合理安排授课的频率和节奏。在形式方面，适应新形势新情况，可以更加多样。比如，在坚持领导干部亲自讲党课的同时，可以请普通党员讲党课，还可请专家学者做专题讲座；或者与举办形势报告会结合起来，更多地改变单一的授课方式，开展交流式、对话式的党课，增强互动性和生动性；等等。设计开展多种形式的互动式学习、调研式学习、开放式学习，充分调动和发挥党员理论学习的积极性、主动性、创造性。充分运用"两微一端"等新媒体平台，做好"微"文章，积极探索"微学习""微党课""微宣讲"等新的学习教育形式，适应信息社会条件下信息传播和人们接受习惯的新变化，让我们的理论学习更富时代性、更具针对性、更有实效性。

加强学习的督促检查和情况考核。党内学习的效果好不好，还要看制度落实得如何。督促检查和情况考核是确保学习制度得到贯彻落实的有效办法。过去我们对党员干部的学习提出的要求不少、任务不少，但由于缺乏实质性的考核督促，导致很多学习活动流于形式，效果不好。《准则》强调，把学习情况作为考核的重要内容。各级党组织把学习情况作为领导班子和领导干部考核的主要内容，即把学习情况纳入领导班子和党员干部综合考评体系，作为评价领导班子及选拔任用干部的重要依据。加强对理论学习工作责任制落实情况的检查，将理论学习作为干部考核、奖惩的重要依据，纳入执行党的纪律尤其是政治纪律和政治规矩的监督检查范围。严肃问责机制，对违反学习要求、出现问题、处置不力的，坚决追究责任。只有通过一些具体而明确的规定，对党内学习的督促检查和考核评价作出具体规定，以便于贯彻执行，才能进一步增强党员干部学习的自觉性和主动性。同时，还可以健全党内重大思想理论问题分析研究和情况通报制度，强化互联网思想理论引导，开展形式多样的思想理论教育等。

二、推进理论大众化创新发展

理论上的自信不是先天的，也不是一劳永逸的，而是在中国革命、建设和改革实践中理论同广大人民群众相结合，同我国深厚的社会实践相结合，在大众化的过程中实现的。马克思曾经说过，理论要发挥作用，就要说服人，就要为群众所掌握。理论只有为群众所掌握，才能变成物质力量，才能发挥改变世界的作用。人民群众是历史的创造者，中国特色社会主义理论体系是发展中国特色社会主义事业的科学指南。中国特色社会主义理论自信的确立也离不开群众对理论体系的掌握，离不开理论的大众化。当前，多种思潮相互激荡,理论大众化面临着新的挑战。没有创新,就没有发展。创新发展理论大众化工作,不失为增进中国特色社会主义理论自信的重要途径。

(一)把握和遵循大众化的特性和规律

理论的大众化是连接理论与实践的重要环节,是理论通向群众的关键桥梁。这一过程呈现出人民性、普及性、科学性相统一的鲜明特性,蕴含着理论教育和传播的客观规律。增进理论自信,要把握其特性,探索并遵循客观规律,才能达到事半功倍的效果。

其一,要遵循人民性这一大众化过程的重要特性,充分反映人民群众愿望,集中人民群众智慧,使理论真正实现提升群众、掌握群众的功效。大众化的人民性是指推进理论的大众化要着眼于服务人民、依靠人民,为人民所接受。马克思主义理论并不是对未来的、乌托邦式的"彼岸世界"的一种理论论证,它本质上是人民大众的理论,是对"此岸世界"的现实关注。理论大众化也是一个群众性的实践活动。马克思、恩格斯本人的理论创造过程就包含着把理论同人民大众的利益充分结合,宣传大众的实践活动。19世纪50年代,他们以评论员的身份在《新莱茵评论》《纽约每日论坛报》等媒体发表诸多文章,向无产阶级阐明和传播共产主义理论。实践证明,站在人民大众立场、服务于人民的理论,自然会被人民真心真意地拥护和接受。把握大众化的人民性,就是要回答解决人民大众切实利益相关的重要问题,充分站在人民大众立场,以服务人民群众为宗旨和目的,把人民群众所运用的鲜活语言,人民群众生产生活中涌现的典型事例作为理论大众化的重要源泉;以亲和大众、适合大众的内容和通俗易懂、生动活泼的形式推进理论大众化,将中国特色社会主义理论体系的营养放在"干烧大饼"里,满足群众的需求。

其二,要遵循普及性这一重要特点,探索合适的路径和方法,推进中国特色社会主义理论体系由党内普及走向社会普及。马克思曾指出："思想本身根本不能实现什么东西。思想要得到实现，就要有使用实践力量的人。"①普及性就是要把科学理论转化为人民群众的行动指南，使科学理论由被少数人理解掌握到被广大群众理解掌握。理论自信的确立需要理论的普及，这是理论在人民群众中发挥影响力的表现。列宁认为，无产阶级革命政党应该"把社会主义思想和政治自觉性灌输到无产阶级群众中去"。理论大众化是理论持续的传播普及，全党理论自信的确立正是在理论普及为党员干部认识世界和改造世界的强大思想武器中实现的，人民的理论自信也是在理论普及为群众实现幸福的"精神武器"中实现的。中国特色社会主义理论体系的传播普及绝不是一个照搬照抄理论的过程，要将理论创新与理论武装统一起来，把握好理论普及的规律，做好翻译、转化，使理论从精神的理论转化为物质的理论。

其三，要遵循科学性的重要特性，把理论的科学性与理论宣传和教育的规律性统一起来，使理论大众化得到好的效果。理论自信必须以科学性为引领，理论的大众化需要一系列合乎规律发展的基本环节得以实现。先是理论本身的科学性引领着理论大众化的科学性，再是理论的创新发展和宣传教育要符合实践的客观需要、遵循客观规律。马克思主义大众化正是适应了中国社会实践对思想理论的需求，马克思主义理论自信在人民群众对马克思主义指导中国革命、建设和改革实践的价值认同中不断实现。不能离开中国特色社会主义伟大事业的现实需要去推进理论大众化，要在理论的学理性与通俗性相统一的过程中推进大众化，既充分展现理论的逻辑魅力和彻底性，又尊重大众的文化习惯、文化背景和接受方式，化抽象为具体、化烦琐为简要、变晦涩为清晰，推进通俗化，达到理论视角与现实关怀的有机统一。遵循大众化这一信息传播和文化交流

---

① 《马克思恩格斯文集》第 1 卷，人民出版社，2009 年，第 320 页。

过程的客观规律,在探索大众化心理规律和媒介传播规律基础上实现群众对理论的自信。要遵循现实性,贯穿强烈的问题意识、鲜明的问题导向。对改革开放中出现的问题敢于直面,对社会热点问题主动进行精准引导,对群众心中的疑惑科学、仔细解答,对群众质疑的问题及时、准确回应,对群众的不满情绪真诚、耐心疏导,把干部群众的注意力聚焦到党中央的决策部署上来,努力形成最大公约数、画出最大的同心圆,团结、凝聚更多人。

(二)推进教育方式和传播形式的通俗化和多样化

理论大众化就是将思想理论通过一定的传播形式为广大人民群众所认同、接受,进而确立理论自信、运用理论的过程。从某种意义上看,这是一种信息传播过程,具有信息传播活动的基本特征。当前,信息化深入发展,思想理论的影响力很大程度上取决于教育方式和传播手段是否有利。遵循教育和传播规律,优化传播手段和方法,才能使理论大众化插上腾飞的翅膀,使理论自信根植于人心。

其一,用好教育和传播技巧,提高理论大众化的可信度。理论大众化具有信息传播的动态性特征,它在形式上体现为有意义的符号组合在特定渠道中的流动。这种流动实质上是教育者和受众、传播者和受传者的双向互动、作用与反作用。理论能否争取到更多的群众,使理论的普及范围达到最大;理论能否深入人心,转化为人民群众认识世界、改造世界的有力武器,这成为衡量理论大众化和理论自信成效的重要指标。要在理论教育和传播过程中打动受众,通常有两种方法技巧:一种是诉诸理性,通过客观地摆事实、讲道理,运用理性或逻辑性的理论达到教育和传播的目的;一种是诉诸感情,通过营造感性氛围或使用感情色彩强烈的语言和事件来感染受众。注重两者的结合,既用客观可信的事实和严密的推理来教育传播理论,又用形象化的言辞来打动人、感染人,做到"动之以情、晓之以理"。

其二，尊重群众主体地位，量身定做理论教育和宣传方案。人民群众来自五湖四海，分属于不同的社会集团或群体，不同的社会背景，不同的教育背景，对理论的需求各不相同，接受理论的方式方法也可能千差万别。这种情况下教育和传播理论最忌"一刀切"。要科学划分受众，遵循信息传播分众化传播规律，研究不同群众的社会构成情况，具体分析他们各自接受理论的特点，提高教育和传播的针对性，做到因人、因时、因事制宜，这样才能取得良好的理论教育效果。

其三，把握全媒体时代特点，用好多样化媒体，推进大众化渠道多样丰富。把握传统媒体阵地的优势，筑牢主流阵地，创造性地办好党报党刊，做好理论书籍出版工作，以层出不穷的精品力作宣传中国特色社会主义理论体系，推动理论深入群众。推进电子媒介传播，发挥电影、广播、电视等媒介形象化、通俗化的特点，制作形式多样的理论产品，使理论通过广播、电视等载体深入千家万户。用好新媒体，充分运用好互联网开放性、互动型、高参与度的特点，把握网络相对隐匿和强互动性带来的思想多元和话语权变迁给理论大众化带来的挑战，发挥微博、微信等新媒体的特长，加强媒体之间的融合，既丰富传播渠道又确保信息安全。①

（三）创造性地建构理论大众化的有效运行机制

行之有效的运行机制是大众化达到效果的重要保障，我们党在推进马克思主义大众化的历史进程中形成了一套运行良好、效果明显的理论大众化机制。创新推进理论大众化，还要结合新的形势任务的发展，继续建构大众化的运行机制。主要是推动宣传教育部门

---

① 参见颜晓峰、肖冬松主编《铸造推进马克思主义大众化的新辉煌》，解放军出版社，2012年。

主导、人民群众自觉参与的良性互动机制。在我国理论大众化的格局中,宣传教育部门是主要组织者和实施者,广大党员和人民群众是处于主体地位的受众,两者之间的互动需要一定的机制保障。

一方面,要充分发挥宣传教育部门组织、管理、协调等主导作用,构建理论大众化的组织机制、管理机制、舆情调研机制、保障机制等。具体而言,组织机制是要形成理论大众化有效运行的组织保证,解决谁来负责、谁来参与的问题。过去我们的宣传教育工作形成了齐抓共管机制,今后要进一步完善该机制,强化各级党委对理论武装的领导和指导责任,把理论大众化工作纳入重要议事日程,作为领导班子、领导干部目标管理的重要内容,与党的建设和其他各项工作同部署、同落实、同检查、同考核,确保责任制具体化、全覆盖。探索形成党委统一领导、党政团齐抓共管、各级宣传教育部门具体负责落实、有关部门各负其责、全社会积极参与的互动机制。舆情调研机制是真实了解群众实际思想动态、调查人民群众对宣传教育内容和形式反映的机制。要建立畅通的调研渠道,开展经常性专题调研与典型性专项调研相结合的机制,对调研结果进行科学定量分析和定性分析研究,建设一个覆盖面广、健全完善的调查研究网络,加强不同信息工作部门之间的联系沟通。

另一方面,积极发挥群众的主体作用,构建平等对话、双向互动的交流机制,保证理论大众化参与者之间的互助互动。畅通理论与群众之间的互动渠道,既有专门机构协调,又有其他部门配合,为理论大众化提供重要经费和技术保障,切实将理论"送到"群众手中心中。同时,结合时代发展的新特点,构建以理论生活化为基本导向的传播机制,形成以主流媒体弘扬主旋律,影响大众化传媒和大众化文化的舆论导向机制,使理论传播的内容和形式融入生活、反映生活、引领生活。构建理论通俗化的转化机制,大力提高正面宣传的质量和水平。习近平总书记指出,正面宣传的关键是要提高质量和水平，把握好时、度、效，增强吸引力和感染力，让群众爱听爱看、产生共鸣。要努力改进、切实抓好形势宣传、成就宣传、典型宣传、重大主题宣传等，努力讲好中国故事、中国共产党的故事，切实增强吸引力、感染力、号召力、凝聚力，让群众爱听爱看、产生共鸣、真信真学，触及的是群众的"痛点"，搔到的是群众的"痒处"，充分发挥正面宣传鼓舞人、激励人的作用。

（四）做好青少年学生的思想教育

少年强，则中国强。青少年是祖国的未来，是中国特色社会主义的重要建设者和接班人。加强青少年的思想政治教育，是理论大众化的重要内容，也是关系国家命运的大事。现实中，有人在要不要对青少年进行中国特色社会主义共同理想和共产主义远大理想教育问题上有不同看法。不少人看到现实的发达西方资本主义社会比刚刚摆脱贫困的我们国家具有某些先发优势，就振振有词为资本主义优越性辩护，天然地认为青少年应先学好文化知识，学习西方先进知识，不必太早进行中国特色社会主义共同理想和共产主义远大理想教育。应当看到，把青少年的教育引导到高层次的社会理想教育上来，有针对性地解决思想理论的问题，仍是当前理论大众化中需要认真对待和解决的课题。[①]

做好中国特色社会主义共同理想教育，确立青少年的理论自信。任何社会制度都会有关于自己制度的理想，并大力宣传这种理论。中国共产党理应宣传自己的理论，用自己的理论和奋斗的理想教育青少年。青少年的理论自信应该建立在对中国特色社会主义共同理想的认同和向往之上。中国特色社会主义共同理想是关于我们现在社会发展和未来社会方向的重大设计，涉及青少年现在发

---

① 参见陈先达《做坚定的马克思主义理论工作者》，《光明日报》，2016年3月2日第1版。

展和未来社会生活的各个方面。中国特色社会主义共同理想教育就是要让我们的青少年把中国特色社会主义理论体系作为世界观和人生观教育的一部分,明白我们的国家和民族沿着什么的方向发展,社会生活有什么样的理论指导,等等。杜绝用讲空话、讲大话的方式做教育,要把社会主义核心价值观教育、中国传统基本伦理道德教育同中国特色社会主义理论体系结合起来,适当教育。从社会发展史教育入手,教育青少年特别是大学生真正懂得什么是社会主义、什么是资本主义,真正理解当代中国社会主义初级阶段的本质和中国社会的未来走向,等等。

做好现行政策教育,让青少年理解中国特色社会主义理想的远大和艰辛。中国特色社会主义是伟大的充满艰难险阻的事业,也是长远的事业。向青少年讲清当前国家和社会发展的现行政策,不能把社会理想教育和现行政策对立起来,不能用当前社会发展中出现的矛盾问题消解社会理想。要让青少年明白,中国特色社会主义是属于共产主义这个总过程的一个阶段。中国特色社会主义是过程,而不是终点;现存的种种社会矛盾也是前进过程中的现象,通过全面深化改革可以逐步化解,而不会加深和固化。

三、打造强有力的理论工作者队伍

古人云:"尚贤者,政之本也。"理论工作者是理论创新发展的骨干。实现理论自信,归根到底靠队伍、靠人才。必须重视人才,建设一流的理论工作者队伍,形成一支由德高望重的老专家、成果丰硕的学术带头人和崭露头角的后起之秀组成的理论骨干队伍。

(一)重点提升理论工作者的素质

教育者必先受教育,这是理论工作的重要原则。理论工作者既是党的创新理论的实践者，又是党内理论学习的组织领导者，他们的学习状态和能力素质影响着理论学习的风气和效果。理论自信确立的成效，很大程度上取决于广大理论工作者的能力素质和工作作风。能否对当代中国马克思主义理论有准确、权威的研究、阐释和创新，就是衡量理论工作者理论素养的重要标准。目前，部分理论工作者的素养与确立理论自信、推进理论大众化对理论工作者的要求还有一定差距。比如，有的对于中国特色社会主义理论体系的研究，研究精神不够强，理论功底不够深厚，相关知识储备不够丰厚；有的对当代中国马克思主义缺乏学理研究，理论创新能力不强；有的对中国特色社会主义伟大实践经验缺乏总结提炼，研究的针对性现实性不够；等等。毛泽东曾指出："如果我们党有一百个至二百个系统地而不是零碎地、实际地而不是空洞地学会了马克思列宁主义的同志，就会大大地提高我们党的战斗力量。"①广大理论工作者必须成为"系统地而不是零碎地、实际地而不是空洞地"掌握马克思主义理论及党的创新理论的骨干力量。

党的十八大以来，党高度重视理论工作队伍的建设，注重通过教育培训提升理论工作队伍素养，着力提高他们的战略思维、辩证思维、创新思维、底线思维能力，增强理论工作者和相关管理部门守土有责、守土负责、守土尽责的阵地意识。今后，提升理论工作者素质仍要从几个方面入手。一是加强理论工作者的研究创新能力，提高业务素养。习近平强调：马克思主义就是我们共产党人的"真经"，"真经"没念好，总想着"西天取经"，就要贻误大事！不了解、不熟悉马克思主义基本原理，就不可能真正了解和掌握中国特色社会主义理论体系。必须推动理论工作者把马克思主义基本原理的"真经"掌握好，深入研读马克思主义经典著作，系统学习毛泽东思想、中国特色社会主义理论体系，做到真知熟知深知，成为乐于学

---

① 《毛泽东选集》第 2 卷，人民出版社，1991 年，第 533 页。

习、勤于学习、善于学习的典范,成为马克思主义理论和党的创新理论的"行家里手"。具体可通过举办高层次理论人才研修班和政治理论教学科研骨干高级培训班等方法提高理论工作者基础理论素质。二是强化理论工作者的职责意识,培养其强烈的社会责任感和使命感,增强阵地意识、精品意识等。理论工作者是理论与大众之间的桥梁,肩负着用大众化的理论"化大众"的神圣使命。职责意识包含着对马克思主义、共产主义和中国特色社会主义的坚定信仰,对真理的执着追求和探索,对社会现实的深切关注,真正成为坚定的信仰者、探索真理的先行者、关注现实的瞭望者。三是把推进理论大众化作为提升能力素质的重要着力点,提高其将理论通俗化的转化能力。党员和人民群众理论自信的确立最需要理论工作者对抽象的、概括性的理论进行不断诠释和具体化,将马克思主义的"大本本"精要化、通俗化,真正转化为党员干部和人民的内在智慧。理论通俗化的能力也是理论工作者核心素养之一。要注重掌握理论通俗化的技巧、手段和方法,提升自如运用媒体和中介的能力;增强同大众的联结、沟通,提高宣传群众、动员群众的相关能力。

(二)分层级构建理论工作者梯队

"物之不齐,物之情也。"理论工作者队伍的可持续性建立在不同层级、不同专业的梯次性上。人才队伍的建设更需要丰富多样化,唯有多样,才能保持持续性,保证事业的长远发展和后续动力。习近平在哲学社会科学工作座谈会上的讲话强调:"要实施哲学社会科学人才工程,着力发现、培养、集聚一批有深厚马克思主义理论素养、学贯中西的思想家和理论家,一批理论功底扎实、勇于开拓创新的学科带头人,一批年富力强、锐意进取的中青年学术骨干,构建种类齐全、梯队衔接的哲学社会科学人才体系。"①三个"一批"清晰地勾勒出了哲学社会科学梯次性人才队伍的蓝图,为理论工作者梯队建设提供了重要指导和遵循。

一是要有一批有深厚马克思主义理论素养、学贯中西的思想家和理论家。思想家、理论家往往文化水平较高、知识比较丰富、理论功底深厚,是马克思主义理论某个领域某个方面学有所长、术有专攻的行家专家。在我们党领导革命、建设、改革 90 多年不同时期的实践中,曾经涌现出相当一部分兼具深厚马克思主义理论素养、学贯中西的理论大家。比如,郭沫若、李达、艾思奇、翦伯赞、范文澜、吕振羽、马寅初、费孝通、钱锺书等,一大批名家大师为我们党的理论建设事业的发展进步提供十分重要的人才支撑、智力支撑、创新支撑,为马克思主义中国化、时代化、大众化立下汗马功劳,为党和人民建立了彪炳史册的功勋。必须承认,当前理论工作队伍建设存在着"有专家缺大师""有队伍缺骨干"的问题,亟待我们去破解。首先,要树导向,确立起名家大家的选任标准和导向。突出马克思主义理论素养的深厚度这个基础的、首要的标准,真正把精通马克思主义理论,具有深厚学养、较高造诣的名家大家选出来。在此基础上,强调兼容中西、融汇中外、视野开阔的风范,把德高望重、硕果累累的泰斗级名师选出来。其次,要托平台,依靠高校、科研机构等平台。高校和科研机构聚集了全国 90% 以上的社会科学理论人才,是我国理论人才的重要方面军。在高校和科研机构,要善于依托重大研究项目、重点研究学科、重点研究基地,培养造就思想家和理论家。再次,要重保护,给予理论大家相应的地位和待遇。自然科学与哲学社会科学都是人类精神生产的财富,有着相通之处,但哲学社会科学具有自身的鲜明特征。马克思主义理论领域的大家的标准不同于自然科学领域科学家的标准,但应当得到同样的社会地

---

① 习近平:《在哲学社会科学工作座谈会上的讲话》,《人民日报》2016 年 5 月 19 日第 2 版。

位、相应的待遇和尊重。要探索适合哲学社会科学大家的地位、待遇标准，使真正的思想家和理论家得到应有的地位和尊重。

二是要有一批理论功底扎实、勇于开拓创新的学科带头人。马克思主义和党的创新理论领域的学科带头人是在马克思主义理论学术门类上具有极高的学术水平，能够带领、指导和组织有关人员开展相关学术研究，并取得研究成果的专家。他们是理论工作人才方队中第二梯次的拔尖人才，发挥着中坚骨干的作用，是未来思想家理论家的储备库。做好学科带头人的选拔培养工作，是理论工作者队伍能够实现人才辈出的重要保证。一是廓清学科带头人的能力素质要求，突出理论功底扎实的导向。马克思主义理论工作的学科带头人应当是马克思主义理论、毛泽东思想和中国特色社会主义理论体系相关方面的行家里手，必须对马克思主义相关理论的掌握做到得心应手。要突出马克思主义的学科导向，注重把拥有扎实的马克思主义基本理论功底，并及时学习党的创新理论成果的专家学者重用选拔出来。二是重创新。推进理论大众化、坚定理论自信的工作，最需要批判和创新精神，最应该具备与时俱进的品质。学科带头人应该有强烈的进取意识，紧贴时代发展、紧跟理论创新发展的步伐，善于学习新知识、接纳新事物、跟踪学科前沿，保持创新精神。三是立榜样。学科带头人要注重"带头"作用，要充分发挥在本学科领域领头、帮带的辐射能力，带领本学科领域的全面发展。以模范标准要求自己，做拥有坚定马克思主义信仰和中国特色社会主义共同理想的模范，把理论转化为政治信仰；做创新思维的模范，保持创新动力，坚持把创新理论转化为认识事物、分析问题的正确方法；做履职尽责的模范，自觉把创新理论转化为立足本职工作尽职尽责的能力。

三是要有一批年富力强、锐意进取的中青年学术骨干。中青年力量是理论工作人才队伍的生机所在，是保证理论事业可持续发展的生力军。源源不断地培养造就大批优秀中青年骨干，是关系理论事业薪火相传、继往开来的战略大计。对于中青年学术骨干，要认真研究年轻干部的特点和成长规律，依托培养工程加大培养力度。比如，2015年1月19日，中共中央办公厅、国务院办公厅印发的《关于进一步加强和改进新形势下高校宣传思想工作的意见》（以下简称《意见》），强调要"深入实施'青年马克思主义者培养工程'，在青年教师和学生中培养一大批政治骨干，造就一支政治坚定、学养深厚、有重要影响的思想理论建设队伍"。要按照《意见》要求，抓好高校的青年马克思主义人才培养，为其他领域的中青年学术骨干力量的选拔培养做好示范。同时，还要加大基层理论骨干选拔培养力度，建起一支以专职理论工作者和基层理论骨干为主体的专兼结合的理论人才队伍。引导年轻骨干到基层去，到一线去，在基层理论普及宣传战线砥砺品质、锤炼作风、增长才干。要加强思想理论工作队伍建设，做到组织落实、人员落实、责任明确、制度健全。要把加强基层党组织建设和加强意识形态工作紧密结合起来，广大党员干部要立足本职工作，增强做好宣传教育工作的意识，不断提高联系群众、服务群众、引导群众的本领。努力发挥基层在理论工作中的基础支撑作用，凝聚各地方各基层社科院、党校、高校、理论宣传系统的相关力量，不断加强自身建设，自觉肩负起新使命，奋发进取，在理论工作不同平台建设中发挥积极的作用，力争把马克思主义中国化理论创新成果研究宣传在基层走到实处。

（三）强化政策保障和工作支持

理论优秀人才的成长发展不仅需要理论人才自身的努力，还需要强有力的外围保障。良好的政策支持和工作引导是护航人才队伍建设发展的关键所在。

做好"软治理"，在"铸魂""扎根"中加强理论人才的政治领导和思想引领。优秀的理论骨干首先是厚德的君子,有坚定的信仰和自信,有高尚的道德和正派的作风。人才成长保障之首要是软性的引导工作,就是要铸人才之魂,引导他们坚定对马克思主义的信仰,对社会主义和共产主义的信念,铸牢共产党人的政治灵魂,自觉把理论自信作为精神追求,教育引导理论工作者树立良好学术道德,遵守学术规范。饱学之才须有务实为民之情怀,还要引导理论工作者扎牢中国特色之根,聚焦中国特色社会主义重大问题做研究,找准大势、抓好大事,了解中国、研究中国,发挥优势、全面发展。

做好"硬治理",深化人才发展的制度设计。用好用活理论人才,需要体制机制做保障。加快理论人才体制机制改革,规范完善职称评定制度、岗位聘用制度,以增加知识价值为导向,完善收入分配激励机制,促进理论人才建设蓬勃发展。深化哲学社会科学管理体制改革,形成既能把握正确方向又能激发科研活力的体制机制。完善理论研究评价考核机制,推动形成崇尚精品、严谨治学、注重诚信、讲求责任的优良学风,营造风清气正、互学互鉴、积极向上的学术生态。积极研究出台加大投入保障、帮扶困难哲学社会科学工作者等方面的政策措施,使优秀人才能够潜心研究而无后顾之忧。

做好"搭台"工作,为理论人才人尽其才、才尽其用搭好舞台。搭好学习平台,为理论工作者系统深入学习研究中国特色社会主义理论体系、习总书记治国理政思想等重点理论问题搭建好平台,通过举办高水平的中国特色社会主义论坛、讲坛、课题研究等,让中国特色社会主义理论体系入心入脑。搭好学科发展平台,大力建设高水平的哲学社会科学学科体系,全面提升科研质量,努力增强哲学社会科学学科的科研核心竞争力。搭好成果转化平台,加强中国特色新型智库建设,把"书斋里的学问""书架上的摆设"变成决策中的参考、实践中的指南。健全哲学社会科学人才选拔培养管理体制机制。

做到"善治"，创新理论人才工作开展方式。认真落实党的知识分子政策，充分尊重专家学者、尊重脑力劳动、尊重创新创造，对研究专家队伍做到政治上充分信任、思想上主动引导、工作上创造条件、生活上关心照顾。各级党委要高度重视理论工作队伍建设，按照政治强、业务精、纪律严、作风正的要求，努力打造一支思想理论好、综合素质高、具有丰富理论工作经验的干部队伍。领导干部要主动同专家学者打交道、交朋友，多听取他们的意见和建议。要加强哲学社会科学优秀人才使用，让德才兼备的人才在重要岗位上发挥作用。进一步做好宣传思想文化领域干部培训规划，加大教育培训力度，着力提高思想文化领域干部的思想政治素养和业务素质。不仅从政治上、工作上更要从生活上关心理论工作者，多帮助他们解决实际问题，加大交流使用力度，充分调动广大思想理论工作者的积极性、主动性和创造性。

第八章

中国特色、中国风格、中国气派
——在理论创新发展中进一步坚定理论自信

————

理论自信与理论自身的成熟完善程度呈现强关联。正如习近平总书记所指出的:"哲学社会科学的特色、风格、气派,是发展到一定阶段的产物,是成熟的标志,是实力的象征,也是自信的体现。"①很难想象没有自身特色、风格、气派的理论体系能够为理论上的自信提供重要支撑。中国共产党紧紧依靠人民推动中国先后跨过"落后就要挨打"和"贫穷就要挨饿"这两道巨大的历史沟坎后,我们面临着"失语就要挨骂"的新的历史沟坎。而目前"面对新形势新要求,我国哲学社会科学领域还存在一些亟待解决的问题。比如,哲学社会科学发展战略还不十分明确,学科体系、学术体系、话语体系建设水平总体不高,学术原创能力还不强"②。能否成功迈过"失语就要挨骂"的沟坎,进而为21世纪人类世界对美好精神家园及其意义和秩序的探索贡献中国力量,关键在于能不能用中国特色、中国风格、中国气派的理论体系来充实理论上的自信。只有创新发展21

————

① 习近平:《在哲学社会科学工作座谈会上的讲话》,《人民日报》2016年5月19日第2版。
② 习近平:《在哲学社会科学工作座谈会上的讲话》,《人民日报》2016年5月19日第2版。

世纪当代中国的马克思主义，着力构建体现中国特色、风格、气派的马克思主义学科体系、学术体系、话语体系，才能从根本上坚定中国特色社会主义理论自信。

一、一味"拿来"不可取

一个具有理论自信的国家、民族和政党对其他国家、民族和政党的理论体系往往采取开放的态度。这种自信既不会把其他理论体系的发展看作是对自身的威胁，又不会盲目崇拜其他理论体系而一味"拿来"，而是会把其他理论体系作为一种发展的动力，既学习别人的先进又发挥自身的理论特色、风格、气派和优势。在中国特色社会主义理论体系发展的过程中，我们不断推进理论创新，打造中国特色、中国风格、中国气派的学术话语体系，取得了丰硕成果。但也要看到，打造中国的话语体系，既是一项艰辛复杂的系统工程，也是一项永无止境的长远工程。在与其他思想理论体系相互竞争相互学习的过程中，难免因其复杂性、长期性而出现一些理论上的"拿来主义"问题。新形势下，进一步打造具有中国特色、中国风格、中国气派的理论学术话语体系，必须告别一味"拿来"，使理论真正找到"自我"、形成"自我"、发展"自我"。

（一）把握理论的继承性和民族性，拒绝一味"拿来"

一味"拿来"问题是历史遗留问题，体现了一种理论上的不自信。有学者认为，讨论自信不自信的问题可以追溯近代以来的历史。的确，这个问题是由 1840 年以来中华民族面临的生存和发展问题派生出来的，我们的不自信和一味"拿来"也是从那个时候开始的。自信问题表征的是主体自身的一种内在的主观心理，但自信问题也同与他者的比较紧密相连。在经历了明清两代"闭关锁国"之后，近代中国人鲜有学习先进思想理论、制度体系的机会，也不幸错过一次又一次生产技术革命。一个曾经繁盛的"泱泱大国"不断走下坡路甚至沦入落后挨打的窘境，在西方列强的坚船利炮下被迫打开国门。用马克思的话讲就是："满族王朝的声威一遇到英国的枪炮就扫地以尽，天朝帝国万世长存的迷信破了产，野蛮的、闭关自守的、与文明世界隔绝的状态被打破，开始同外界发生联系。"①早期，不少"睁眼看世界"、学习西方的有识之士发现我们技不如人，主张"师夷长技以制夷"，开启了学习西方先进理论之旅。20世纪20年代，梁启超在《五十年中国进化概论》中说，近50年来，中国人渐渐知道自己的不足了。他还把中国人通过向西方学习"然后知不足"的过程分为三期：第一期，先从器物上感觉不足；第二期，是从制度上感觉不足；第三期，便是从文化根本上感觉不足。他写道："这二十年间，都是觉得我们政治法律等等，远不如人，恨不得把人家的组织形式，一件件搬进来，以为但能够这样，万事都有办法了。革命成功将近十年，所希望的件件都落空，渐渐有点废然思返，觉得社会文化是整套的，要拿旧心理运用新制度，决计不可能，渐渐要求全人格的觉悟。"②鸦片战争后，中国人经历了从"学器物"到"仿制度"、从"走俄国的路"到"走自己的路"的曲折历程；其心理状态也相应地经历了从原来的"技不如人"到"制不如人"再到"文不如人"的一步步自我否定的历程。正是在同西方对比中的"知不足"中，近代中国的思想理论界遇到了自信问题。从倡导"中体西用"的洋务运动到维新变法直至新文化运动，从承认"技不如人"到喊出"打倒孔家店"……究竟应该信什么？中国人的理论自信的基点何在？这些问题成为当时思想理论界碰撞、探索最多的主题内容。西方各种各样

---

① 《马克思恩格斯文集》第2卷，人民出版社，2009年，第608页。
② 参见梁启超《饮冰室合集》第5册，中华书局，1989年。

的学说被翻译介绍到中国，对西方理论采取"拿来主义"的趋势也应运而生。对西方的思想理论一味"拿来"，同时对千百年来中国人所坚持的、以儒家思想为主导的传统理论的自信则一点一点被削弱。这种自信被削弱的状态一直影响着近代以来我们的思想理论发展进程。

一味"拿来"打破了继承性，容易造成理论体系的民族特色不足。中国特色社会主义理论体系的现实形态，是古往今来各种知识、观念、理论、方法等融通生成的结果。善于融通古今中外各种资源，是我们坚定理论自信的必然要求。通常来看，我们可以融通利用的资源除了西方优秀的思想理论资源之外，主要有两个方面。一是马克思主义的资源。近代以来中华民族理论上的不自信问题是到中国共产党选择了马克思主义作为拯救国家、改造社会的思想武器之后开始逐渐缓解的。确立起马克思主义的理论自信，包含着对马克思主义的理论价值有充分的肯定、对理论发展的进程和未来有充分的认识、对理论价值生命力有坚定的必胜的信念。包括马克思主义基本原理，马克思主义中国化形成的成果及其文化形态，如党的理论和路线方针政策，中国特色社会主义道路、理论体系、制度、文化，我国经济、政治、法律、文化、社会、生态、外交、国防、党建等领域形成的哲学社会科学思想和成果，都是我们理论自信赖以确立的最大增量。二是中华民族传统文化的资源。中华民族有着深厚的文化传统，形成了富有特色的思想体系，体现了中国人几千年来积累的知识智慧和理性思辨。中国特色社会主义理论自信需要优秀传统文化的滋养，这是我国的独特优势，是理论体系的民族特色所在。而对西方思想理论一味"拿来"的做法，包含着对西方思想理论的盲目崇拜，对中华文化资源的简单否定。那些人对西方科技文明兴趣浓厚，认为中国传统的伦理道德、圣贤教育是阻碍科技文明发展的"元凶"，主张全面西化。这种观点内设这样的一种偏见性的前提假设：认为中国传统文化与现代化总是相互冲突和排斥的，现代性自然以西方为原型，现代的发展就是要使传统衰落。他们没有看到优秀传统文化延续着我们国家和民族的精神血脉，是我们无法割舍的文脉和基因。忽视了这部分资源，就失去了薪火相传的血脉，失去了历史的传承。恩格斯曾指出：我们根本没有想到要怀疑或轻视"历史的启示"；历史就是我们的一切，我们比其他任何一个先前的哲学学派，甚至比黑格尔，都更重视历史。中华传统文明蕴藏在我们的历史中，是历史文明的结晶。否定中华传统文化，就等于否定我们的历史，否定我们的一切。中国共产党推进马克思主义中国化，确立中国特色社会主义理论自信也包含着对中华传统文化的自信。对西方优秀理论资源的"拿来"，不应该隔断我们对自身优秀历史传统的继承，否则我们将不成"我们"。

把古为今用与洋为中用相结合，融通各种资源，不断推进理论创新。习近平指出："历史和现实都表明，一个抛弃了或者背叛了自己历史文化的民族，不仅不可能发展起来，而且很可能上演一场历史悲剧。"[①]坚定中国特色社会主义理论自信，推进理论体系的创新发展，不能忘记我们从哪里来。强调理论创新的民族性就要坚持古为今用，把握中华文化深厚的血脉基础，着眼于现代社会特点，着眼于当今时代风格，深入挖掘和阐发中华优秀传统文化，使中华民族最基本的文化基因与当代文化相适应、与现代社会相协调。认真梳理和总结中华优秀传统文化中那些跨越时空、超越国界、富有永恒魅力、具有当代价值的精神财富，不断将其弘扬广大。做好中华优秀文化思想的创造性转化，激活其生命力，汲取其精华，使其成为中国特色社会主义理论体系创新发展中可资利用的资源。理论创新的民族性并不排斥其他国家的优秀思想研究成果，坚持洋为中用，做好比较、对照、批判，在此基础上吸收、升华其优秀理论成果。结

---

① 习近平：《在哲学社会科学工作座谈会上的讲话》，《人民日报》2016年5月19日第2版。

合中国国情做好西方思想理论的转化工作，使理论创新发展更加符合当代中国和当今世界的发展要求，使民族性具备世界风范，展现世界胸怀。

（二）突出主体性和原创性，打破西方话语垄断

我们的理论体系有没有中国特色、中国风格、中国气派，能不能确立起自信，归根到底要看有没有主体性、原创性。当前，随着我国综合国力、国际影响力的不断提高，中国特色社会主义理论发展的国际话语权有所提升。但我国理论的国际话语权和影响力还相对较弱，西方思想理论仍处于相对强势地位。这种"西强我弱"的态势使得一些理论工作者无形中受到西方话语霸权的影响，习惯于以西方话语为标准，套用西方话语体系。理论创新方面一味"拿来"，缺少主体性和原创性，很难打破西方话语垄断。

一要确立主体性。理论创新离不开对其他优秀理论资源的吸收借鉴，但这种吸收借鉴必须突出"以我为主"。一是以我国实际为研究起点，提出具有主体性、原创性的理论观点，构建具有自身特质的学科体系、学术体系、话语体系。长期以来，实现现代化成为各个国家和民族发展的重要目标。而现代化术语的出现最早与"西方化"大体同义。个中原因一方面是因为现代化首先出现于西方，另一方面是因为非西方社会的现代化多数也是在西方的影响下兴起的。西方率先进入现代化，西方的现代化理论也成为后发国家争相吸收借鉴的思想成果。在这种观念下，较早进入现代化的发达国家自然成为其他国家的发展样本，他们的思想理论也被其他国家奉为圭臬。殊不知，西方发达国家在宣传自身的现代化理论时，往往包含着西方中心主义的前提假设。如果不加分析、不做取舍地简单照搬，轻轻松松地"拿来"，只会失去自我，失去主体。1944年，毛泽东就说过，我们的态度是批判地接受我们自己的历史遗产和外国的思

想。我们既反对盲目接受任何思想,也反对盲目抵制任何思想。我们中国人必须用我们自己的头脑进行思考,并决定什么东西能在我们自己的土壤里生长起来。"用我们自己的头脑进行思考",必须结合本民族的实际,确立"兼容并蓄、为我所用"的主体意识,发扬主体精神,把西方先进思想理论同本国传统文化相结合、同本国国情相结合,才能形成具有自身特色的理论体系,真正展现自我,展现自信。二是确立起中国标准,我们的理论创新才能形成自己的特色和优势。中国特色社会主义理论体系是指导中国社会发展的科学指南。第二次世界大战以后,非西方的第三世界国家如何从不发达阶段过渡到发达阶段,成为国际理论界关注的一个重要主题。围绕这个问题,国际社会形成了一定的发展理论。当第三世界国家从殖民体系中解放出来,目睹发达国家与不发达国家在经济发展和人民生活水平上的差距后,一种强烈的发展愿望和学习愿望油然而生,自然容易接受西方在发展理论上的标准。中国特色社会主义理论体系的创新发展也有对发展理论的吸收借鉴。但我们必须看到,西方的发展理论首先是从一些西方国家的学者对第三世界国家不发达的原因及其解决途径的探讨开始的,里面包含着防止社会主义蔓延,预防第三世界国家爆发社会主义革命的理论目的,包含着把现代化等同于西方化的倾向,暗含着用西方的一套意识形态标准来规范非西方国家的初衷。习近平总书记曾语重心长地指出,如果我们用西方资本主义价值体系来剪裁我们的实践,用西方资本主义评价体系来衡量我国发展,符合西方标准就行,不符合西方标准就是落后的、陈旧的,就要批判、攻击,那后果不堪设想! 最后要么就是跟在人家后面亦步亦趋,要么就是只有挨骂的份。当前的理论创新工作必须对这样的提醒引起充分的重视。要警惕那种以西方的话语标准为标准,来评判、衡量我们党的理论创新成果的错误倾向。否则,就会像列宁在批判社会民主党内的机会主义者时所说的那样,

"充耳不闻比聋子还糟"。

二要坚持原创性。如果说不发挥主体性，跟在别人后面亦步亦趋，难以形成中国特色的理论体系的话，那么，缺少原创性，同样会使理论创新不足，解决不了我国的实际问题。坚持原创性，一是用中国话语讲述"学术中的中国""理论中的中国"。一部《舌尖上的中国》通过纪录片的形式向人们讲述了中国各地的美食生态，让全世界充分领略了中国美食文化的精致和源远流长。这部片子之所以能够让异国人记住了"舌尖上的中国"，并渴望来领略其魅力，关键是因为其坚持原创性，立足中国实际。原创的才能吸引人，打动人，不动脑筋的照搬照抄只会贻笑大方，闹出笑话。理论创新工作也要突出原创性，坚持中国话语、中国思维，围绕我国和世界发展面临的重大问题，用符合中国特色的话语体系讲述中国学者的理论研究成果，提出体现中国智慧的理念、主张、方案，把"理论中的中国"发挥出来，展现出来。二是依靠创新精神提升原创性。社会的发展永不停息，新情况新问题层出不穷，其中有一些可以凭老经验、用老办法来应对和解决，同时也有不少是老经验、老办法所不能应对和解决的。如果不能发挥理论创新精神，不能及时研究、提出、运用新思想、新理念、新办法，理论就会苍白无力，在复杂多变的现实面前出现"肌无力"。坚持原创性，鼓励创新，不以创新的大小论英雄。坚持揭示一条规律是创新，提出一种学说是创新，阐明一个道理是创新，创造一种解决问题的办法也是创新，它们都是在不断赋予理论以新的生命力。三是依靠理论的再版升级提升原创性。当代中国的伟大社会变革丰富多彩、复杂多变。我们树立中国特色社会主义的理论自信不可能找到现成的教科书。这种理论自信不是简单袭用我国历史文化的母版，不是简单套用马克思主义经典作家设想的模板，不是其他国家社会主义实践的再版，也不是国外现代化发展的翻版。理论创新就是要提高理论发展的新版本，既要采用西方现代社会科学积累的有益的模型推演、数量分析等有效方法,也不忘中国实际,保持科学判断力。以中国经验和中国人的世界观、方法论来升级中国特色社会主义理论体系的新版本。

(三)注重系统性和体系性,自成一体、自成一派

中国特色社会主义理论体系涵盖历史、经济、政治、文化、社会、生态、军事、党建等各领域,系统性强,体系性强。学习借鉴西方先进理论成果,推进理论创新,要兼顾不同学科、涉猎不同领域。单纯地偏"西"或偏"中"一域,都无法对中国特色社会主义伟大实践给出具体管用的理论指导。

一要坚持多学科,努力构建全领域的理论体系。多学科性是中国特色社会主义理论体系的重要特点,是中国特色、中国风格、中国气派话语体系的重要特点。现代中国的理论体系,与我国革命建设改革实践一路同行,历经几代人的艰辛探索,已经站在新的历史起点上。它是融中国特色社会主义实践中经济、政治、文化、社会、生态、军事、党建各个领域知识理论于一体的、多层次的、相对成熟的体系。理论的创新发展必须完善学科门类,在巩固和提升各个学科优势的基础上,促进多学科深度融合、协同创新、协同攻关、互动互助。首先,完善核心学科——马克思主义理论学科的建设。加强"马"字号和"党"字号的基础学科,即马克思主义哲学、马克思主义政治经济学、党史党建、科学社会主义等,注重马克思主义立场、观点和方法的研究与推广,壮大马克思主义学科群,为当代中国马克思主义的宣传普及提供学科支撑。注重打造一批马克思主义重点学科,努力建成兼有中国特色、世界一流的马克思主义重点学科。其次,加快相关具有支撑作用的学科的建设。中国特色社会主义理论体系的创新发展依赖于诸多学科的支撑,比如历史学、政治学、经济学、法学、社会学、民族学、新闻学、人口学、宗教学、心理学,等等。

这些学科的发展壮大既有重大理论支撑意义又有现实意义，要在马克思主义指导下，结合中国实际打造具有中国特色和普遍意义的相关学科体系。最后，注重囊括传统学科、新兴学科、前沿学科、交叉学科、冷门学科等诸多学科。这些学科能成为中国特色社会主义理论体系发展的重要突破点。随着科学技术的发展，人类社会包括中国特色社会主义建设面临的诸多问题，比如人口、食品安全、能源发展、生态环境等问题，一些道德、社会治理问题，不能单单靠一个学科或一大门类学科来有效解决。这些问题有的涉及很多前沿、新兴领域，有的往往处于科学、技术和社会发展的交叉地带，很多新兴学科、前沿学科、交叉学科，甚至冷门学科能够为这些问题的解决提供方案。要将这些学科与传统学科有效融合，为人们跨越学科界限合作解决问题提供重要支撑。

二要坚持体系性，努力构建全方位全要素的理论体系。中国特色、中国风格、中国气派的理论创新是包括学科体系、学术体系、话语体系在内的全方位全要素的创新发展。学科体系展现学术体系的内容分类，是学术研究开展及学术教育传承的组织机制；学术体系是学科的思想理论、观点方法的综合体；话语体系是由表达、呈现学术体系的概念、范畴等构成的系统。它们三者相互影响、互不可分，要整体推进学科体系、学术体系、话语体系建设和创新。创新学科体系，关键是进一步增强与社会发展联系紧密的学科，既突出优势又补齐短板，既完善体系又拓展领域，形成基础学科扎实厚实、重点学科优势突出强劲、新兴学科和交叉学科创新发展、冷门学科也有所发挥的良性的完善的学科体系。创新学术体系，关键是发挥马克思主义对学术建设的指导，坚持以重大问题为主攻方向，既强化学术规范又提倡百家争鸣，充实完善学术体系，促进学术研究的内容创新、范式创新。创新学术体系，重在提炼学术话语特别是形成有中国特色、中国风格、中国气派的标识性概念，打造容易被国际社会所理解和接受的新概念、新范畴、新表述,在解读实践、构建中国力量方面,形成中国的学术话语权。[1]

二、立足祖国大地

对于理论与现实的关系,马克思曾指出:"理论在一个国家实现的程度,总是取决于理论满足这个国家的需要的程度。"[2]理解理论创新与理论自信,也应当看到理论与国家发展需要之间的关系。立足中国大地,"把论文写在祖国的大地上",则是促使理论满足国家需要的"不二法门"。

(一)坚定中国立场

理论体系的特色、风格和气派,归根到底,是植根于特定的文化背景和生产生活实践的。立足中国,是我们中国特色社会主义理论体系形成自己特色、风格和气派的根本所在。立足中国实际,最重要最核心的是站稳中国立场。这里既包括以马克思主义为指导,又包括为人民服务、为社会主义服务。

坚持以马克思主义为指导。英国伦敦北郊的海格特公墓长眠着不少名人,包括马克思、斯宾塞、法拉第等。其中马克思和斯宾塞的墓地相距不远,却境遇不同。马克思的墓地朝圣者络绎不绝,终年有人献花;而后者的墓地却乏人问津,略显冷清。而他们在世的时候,斯宾塞是公认的"19世纪的亚里士多德",马克思却被迫流亡、依靠朋友资助。岁月的云烟遮不住真理的光辉,马克思是世界公认的"千年第一思想家",马克思主义历经一个半多世纪依然散发着科

学真理的光芒,有着强大生命力。恩格斯曾这样评价马克思:"正像达尔文发现有机界的发展规律一样,马克思发现了人类历史的发展规律","马克思还发现了现代资本主义生产方式和它所产生的资产阶级社会的特殊的运动规律"。可以说,马克思主义深刻揭示了自然界、人类社会、人类思维发展的普遍规律,为人类社会发展进步指明了方向;马克思主义揭示了事物的本质、内在联系及发展规律,是"伟大的认识工具",是人们观察世界、分析问题的有力思想武器。马克思主义进入中国,经过一个逐步中国化的过程,在中华大地掀起汹涌壮阔的狂澜,汇聚成绚丽的日出,照亮民族复兴的征程,彻底改造了这个古老的国家,彻底改变了人民的命运,彻底改写了人类社会的政治版图。我们党坚持马克思主义基本原理同中国具体实际相结合,运用马克思主义立场、观点、方法研究解决各种重大理论和实践问题,不断推进马克思主义中国化、时代化、大众化,产生了毛泽东思想、邓小平理论、"三个代表"重要思想、科学发展观、习近平新时代中国特色社会主义思想等重大成果,确立起理论自信。理论创新发展坚持以马克思主义为指导,是近代以来我国发展历程赋予的规定性和必然性。在我国,不坚持以马克思主义为指导,理论的发展就会失去灵魂、迷失方向。坚持以马克思主义为指导,对马克思主义所蕴含的丰富宝藏进行挖掘、提炼和阐发,是21世纪发展马克思主义的基本前提和根本保障。

坚持为人民服务,造福人民。马克思主义以实现人的自由而全面的发展和全人类解放为己任,反映了维护人民利益的鲜明立场。历史上,也曾经有过种种同情、关注人民群众的思潮和学说,但从来没有一种理论像马克思主义那样,与各国工人阶级和广大劳动人民的命运如此紧密地联系在一起。人民群众是历史的创造者,一切依靠人民、一切为了人民,是唯物史观的核心要求。为人民服务是我们党的根本宗旨,是党的创新理论的根本立场。习近平总书记特别强调人民立场的重要性,他指出,对幸福生活的追求是推动人类文明进步最持久的力量;人民对美好生活的向往,就是我们的奋斗目标。创新发展 21 世纪的中国化马克思主义必须坚持以人民为中心,为人民服务。这是马克思主义的基本观点和根本立场,也是我国理论工作者长期坚持的研究传统。① 我们的国家是人民当家作主的国家,党和国家一切工作的出发点和落脚点是实现好、维护好、发展好最广大人民根本利益。满足人民根本利益,开展社会发展规律探索,是理论创新发展的不竭动力。脱离了人民,理论就不会有吸引力、感染力、影响力、生命力。理论创新应坚持以人民为中心的研究立场,坚持人民是历史创造者的观点,树立为人民做学问的理想,尊重人民主体地位,聚焦人民实践创造,自觉把个人学术追求同国家和民族发展紧密联系在一起,努力多出经得起实践、人民、历史检验的研究成果。

坚持为社会主义服务的方向。为什么创新、为什么服务,是坚定立场的首要问题。我们所坚持的理论,是中国特色社会主义的理论。社会主义是理论创新发展的根本政治前提和制度基础,是我们的理论区别于其他理论的根本特征,社会主义建设是理论发展的服务对象。只有站稳社会主义立场,使理论创造深深植根于中国特色社会主义的伟大实践,既反映社会主义建设的需要又引领社会主义未来发展,才能创作出经得起时代和历史检验、深受社会欢迎、对社会有深刻影响的理论成果。习近平指出,中国特色社会主义是改革开放以来党的全部理论和实践的主题。为中国特色社会主义服务,是当代中国理论创新发展的根本价值追求。牢牢把握社会主义初级阶段这个最大国情,牢牢立足社会主义初级阶段这个最大实际,坚持党的基本路线,认真总结和提炼中国特色社会主义伟大实践的成功经验和做法。以强大的理论自信和战略定力,在迅速变化的时

---

① 参见冯鹏志《加快构建中国特色哲学体系》,《学习时报》2017 年 5 月 17 日。

代中坚持马克思主义基本原理，以更宽广的视野、更长远的眼光来思考和把握国家未来发展面临的一系列重大战略问题，在理论上不断拓展新视野、形成新观点、作出新概括。

（二）突出问题意识

问题是理论创新的起点，也是理论创新发展的动力源。马克思曾深刻地指出："主要的困难不是答案，而是问题。""问题就是时代的口号，是它表现自己精神状态的最实际的呼声。"马克思主义理论本身具有问题导向的鲜明特点，创新发展面向 21 世纪中国化的马克思主义只能从问题开始，特别是从中国的问题开始，展开一个发现问题、筛选问题、研究问题、解决问题的理论创新过程。

直面中国问题。随着全球化的深入推进，世界各国越来越紧密地联系在一起。尽管不同国家在社会发展、国家治理、生态建设等领域面临着同样的问题和困惑，但不同意识形态、不同社会制度、不同文化积淀使不同国家和民族的发展问题各不相同。中国特色社会主义理论体系归根到底是为中国的发展繁荣服务。西方的思想理论在一定意义上包含着整个人类文明发展的智慧成果，在很多问题上为全人类的发展进步贡献了知识和智慧。但西方的概念、范畴和理论是以西方社会发展实践为来源和动力的，是建立在他们国家历史、现实、未来发展基础之上的理性认识。我国与国际社会大多数国家的国体政体、社会制度、价值观念、发展模式等，存在着重大差异。借鉴西方理论，不能完全解决中国问题。坚持面向中国实际，面向我国改革发展和民族复兴的"现实历史"，面向中国人民群众的现实生活，才是保持问题意识最好的"打开方式"。要把理论创新的主体与我国现代化建设亟须解决的重大理论和现实问题紧密联系起来，从问题中把握人民的需求，从问题中把握社会主义中国的发展趋势，在解决问题中实现学科发展、学术深化和话语构建。

直面理论本身的不足与困境。理论本身的问题也是理论创新发展的原点，它通常体现为理论的不足和困境。马克思主义是科学，但它没有也不可能提供有关当代一切问题的现成答案。马克思、恩格斯在《共产党宣言》1872 年德文版序言中就明确指出："不管最近25 年来的情况发生了多大的变化，这个《宣言》中所阐述的一般原理整个说来直到现在还是完全正确的。某些地方本来可以作一些修改。这些原理的实际运用，正如《宣言》中所说的，随时随地都要以当时的历史条件为转移。"①正是基于此，经典作家还专门指出《宣言》中第二章末尾提出的那些革命措施根本没有特别的意义。任何科学理论都包含着一定的局限和不足，一旦不结合时代的进步和实践的发展去创新发展，就会陷入困境。抗日战争时期，刘少奇在《答宋亮同志》一文中曾对马克思主义中国化中的不足进行过分析。他说，中国党有一极大的弱点，这个弱点，就是党在思想上的准备、理论上的修养是不够的，是比较幼稚的。他还分析其中的原因，认为马克思主义的著作传入中国的历史并不久，不像欧洲各国，马克思主义的传布已有近百年的历史。马克思主义传入中国时，又由于中国当时客观上是革命形势很成熟的国家，要求中国革命者立即从事，而且以全部力量去从事实际的革命活动，无暇来长期从事理论研究与斗争经验的总结。还因为马克思、恩格斯、列宁、斯大林诸领袖，都是欧洲人，而不是中国人。他们的著作都是用欧洲文字发表的。……影响到中国党员对马列主义理论的学习和修养。正是这种对自己理论发展创新的不足保持坦然态度，中国共产党才得以成为一个善于学习的政党，不断推动马克思主义中国化、时代化、大众化，用发展着的马克思主义来指导实践，从而取得了举世瞩目的成就。同中国特色社会主义发展实践的需要相比，同实现中华民族伟大复兴"中国梦"的目标相比，当前我们党的理论仍然存在一定的困

---

① 《马克思恩格斯文集》第 2 卷，人民出版社，2009 年，第 5 页。

境和不足，仍然有不断提升的空间。比如，如何更好地总结提炼改革开放 40 年的经验，如何破解社会主义建设在当前全球化时代面临的一些困境，如何为世界经济的复苏和人类朝着更加美好方向发展提供中国智慧、中国方案，如何更好地处理好中国古代优秀传统思想理论资源、西方思想理论优秀成果与我们党的红色文化资源之间的融合贯通，等等。直面并破解这些难题，聚焦理论自身深层次的问题和困境，才能呼应和满足改革发展的实践需求。

（三）坚持实践第一

坚持实践第一、勇于实践、在实践中发展真理，这是辩证唯物主义认识论的核心要求，是理论创新体现中国特色、展现中国风格、具备中国气派的要义所在。马克思主义之所以能够成为人类思想史上的"天才的世界观"和"伟大的哲学革命"，最根本的原因在于马克思把实践作为理解一切的出发点。在马克思看来，实践活动具有生存论的本体论的地位和意义。人类社会存在的基础和发展的动力是以物质生活资料的生产为根本的实践活动；社会发展规律的"秘密"只能到实践中去探求，而不应当与此相反。在此基础上，要通过"变革的实践"解决问题，进而"改变世界"，而不仅仅停留于"解释世界"。坚持实践第一，要坚持理论来源于实践，在实践中检验和发展真理。

以我们正在做的事情为中心。实践出真知。从实践出发，是创建中国特色、中国风格、中国气派的理论体系必须把握的着力点、着重点。而我们正在做的事情正是最重要的实践，中国特色、中国风格、中国气派理论体系的构建必然要围绕我们正在做的事情来展开。改革开放以来，中国理论界立足正在做的事情阐释马克思主义，重新理解、诠释和构建理论体系、话语体系，从而推动了我国理论发展的深刻变革。当前中国正在经历着历史上最广泛而深刻的社会变革,为理论创新发展提供了强大动力和广阔空间。要以改革发展实践为中心,从我国改革发展的实践中挖掘新材料、发现新问题、提出新观点、构建新理论,加强对改革开放和社会主义现代化建设实践经验的系统总结,加强对发展社会主义市场经济、民主政治、先进文化、和谐社会、生态文明,以及党的执政能力建设等领域的分析研究,提炼出有学理性的新理论,概括出有规律性的新思想。以新时代中国特色社会主义的实践为中心,加强对习近平新时代中国特色社会主义思想的研究阐释,增强学理性研究、规律性研究,作出新概括,形成新认识,用新的研究成果充实中国特色、中国风格、中国气派的理论体系。

坚持理论联系实际。没有实践的理论和没有理论的实践都没有意义。只有坚持一切从实际出发,理论联系实际,实事求是,在实践中检验真理和发展真理,才是马克思主义的理论品格。坚持理论与实践的统一,必须要看到理论联系实际不是一劳永逸的。实践是不断发展的,建立在实践基础上的理论也必须随之不断丰富和发展。实际情况在不断变化,科学剖析客观实际的理论也必须随之发展创新,两者的正确结合、紧密结合是一个复杂的互动过程,难度相当大。一切刻舟求剑、照猫画虎、生搬硬套、依样画葫芦的做法都是无济于事的。我们正处于全面深化改革的攻坚时期,大有作为的重要战略机遇期。一系列长期积累的难题和不断出现的新问题迫切需要我们作出理论上的回答和应对。有些问题中国特色社会主义理论体系已经讲清楚,关键是知行统一,自觉地用它来指导实践;还有许多问题需要我们进一步用马克思主义的世界观和方法论揭示它的本质和规律,提出解决的思路,形成新的理论概括,作为行动的指南。因此,我们不但要真学、真懂、真信,更要真用;不但要坚持,而且要继续丰富发展。党的十八大以来,以习近平同志为核心的党中央紧紧围绕新时代坚持和发展什么样的中国特色社会主义、怎样坚持和发展中国特色社会主义这个重大时代课题，在党和人民创造性的实践中，以高度的理论自觉创造性回答了时代和实践发展对新时代中国特色社会主义建设提出的新课题，不断进行理论思考、理论概括，提出了一系列极富创见的新思想、新观点、新论断、新要求，把我们党对共产党执政规律、社会主义建设规律、人类社会发展规律的认识提高到新水平。我们要加强习近平新时代中国特色社会主义思想的研究阐释，坚持理论联系实际，在实践中检验和进一步发展理论，使党的创新理论更好地体现时代性、把握规律性、富于创造性。

三、着眼时代，面向未来

时代是思想之母，实践是理论之源。一种理论学派的兴起于发展，往往是特定时代的产物，既是对时代问题的思想回应，又是推动时代变革的先声。在当前这个需要理论而且一定能够产生理论的时代、需要思想而且一定能够产生思想的时代，理论创新的中国特色、中国风格、中国气派必须要着眼时代的发展，面向未来的发展。否则就会辜负了时代，错过了历史性机遇。

（一）回应时代呼声，整合创新路径

一部马克思主义中国化的历史也是与马克思主义时代化同步前进、同频共振的历史。马克思主义自传入中国以来，我们党就坚持把它同中国国情和时代特征相结合，把马克思主义的理论锋芒聚焦于时代最重大的课题上，使之切合时代主题，不断推进理论创新发展。社会主义制度在中国确立之前，我们党引领中华民族科学把握战争与革命的时代主题，完成了新民主主义革命的重大任务，彻底改变了近代以来中国社会的性质和中华民族的命运，扫除了中华民

族追赶时代潮流的制度障碍。1949 年之后，我们进入社会主义建设初期，社会主义革命和高度集中的计划经济体制，使我们快速建立起独立的比较完整的工业体系和国民经济体系，为中华民族追赶时代潮流进一步奠定了基础。后来的"文化大革命"，则是由于对时代主题和时代特征把握认识得不够准确，造成我国经济实力、科技实力与国际先进水平的差距进一步拉大，中华民族继续落在时代潮流的后列。进入改革开放新时期，我们党抓住时代潮流的发展趋势和根本特征，抓住和平与发展的主潮流，抓住改革开放的主旋律，使马克思主义聚焦这些时代潮流和时代旋律，确立建设中国特色社会主义的理论主题，形成了重要的理论创新成果，指导和引领中华民族大踏步赶上时代潮流迈出坚实步伐，加快追赶的历史进程。

改革开放以来，基于对时代呼声的回应，基于对实践唯物主义的新理解，当代中国的马克思主义创新路径表现为以下几种：一种是文本解读，通过阅读理解经典作家的文本，力求探寻并回归马克思主义的本真精神；一种是比较研究，力求通过与马克思主义相关的其他西方思想理论的研究来重新理解并发展马克思主义；一种是实践关切，力求通过关注活生生的实践并以现实问题的研究来促进基础理论研究；一种是基础研究，力求通过元问题、基础问题的探讨来推进马克思主义的发展。应当看到，马克思主义在中国的创新发展不是一个孤立的过程，这几种创新路径往往综合一体、相互交织、互相渗透。对经典文本的解读应以现实问题为导向，以服务实践为目的，渗透着浓浓的对现实的关怀；比较研究与文本解读、基础研究则互为因果，相辅相成；对鲜活实践的解读则仰赖经典文本的具体阐释，往往以经典文本为其理论支撑；基础研究和实践关切也是相互促进，没有完全的、纯粹的、单一的研究路径。实际研究中，马克思主义的创新往往会出现四种研究路径各自独立、互不连接的情况。重"文本解读"或"比较研究""基础研究"的，容易缺少现实关照；重"实践关切"的，难免忽视文本和比较，容易缺乏深厚的学理支撑；等等。只有通过对时代重大问题的关注、聚焦，将不同研究路径统一起来、整合起来，才能克服各自局限，达到相互借鉴，扬长避短，综合创新。

（二）反映时代问题，体现时代精神，表达时代声音，尊重时代发展

作为时代产物的马克思主义，始终以时代条件为发展创新的依据和基点。时代条件表现为时代的问题、时代的精神、时代的声音、时代的具体发展，等等。时代条件发生变化，就会在时代的问题、时代的精神、时代的声音、时代的具体发展等方面有所体现。回应时代条件的变化，就要在理论创新中反映时代问题，体现时代精神，表达时代声音，尊重时代发展。

面对当代世界广泛而深刻的变动，及时回答时代问题。第二次世界大战以来特别是 20 世纪 70 年代末以来，整个世界发生着前所未有的大变动。习近平曾指出："我们所处的是一个风云变幻的时代，面对的是一个日新月异的世界。"这样一个变革的时代，新机遇新挑战层出不穷，国际体系和国际秩序深度调整，国际力量对比深刻变化并朝着有利于和平与发展方向变化。一方面，和平与发展等人类文明不断进步，交流与合作成为主流；另一方面，综合国力的竞争和各种力量较量更趋激烈，各种西化分化中国的力量暗流涌动，全球变暖和环境污染等世界性难题不断出现。这种广泛而深刻的变动，不可避免地对推进马克思主义时代化提出新的要求。不断拓展的实践领域，喷涌而出的人类认识成果，需要理论回答和解决的课题逐渐增多。改革开放新时期以来，中国特色社会主义理论自信的确立就是不断创造性探索和回答什么是马克思主义、怎样对待马克思主义，什么是社会主义、怎样建设社会主义，建设什么样的党、

怎样建设党,实现什么样的发展、怎样发展等时代赋予的重大理论和实际问题的历史过程。今后,不断拓展马克思主义的理论领域,回答时代提出的问题,就要把握住世界变动给理论带来的冲击,特别是把握住当今时代中国特色社会主义建设和发展实践提出的亟须创造性探索回答的大问题、真问题、新问题。正如有些学者所指出的,要研究中国共产党在今天新的历史条件下的理论创新成果,特别是要研究以习近平同志为核心的党中央领导我们建设中国特色社会主义的新思想、遇到的新问题,研究习近平新时代中国特色社会主义思想。这些新思想新问题集中代表了我们当前时代遇到的新矛盾新课题,把握和解答好这些,就是对时代问题最好的回应。

体现时代精神,表达时代声音。改革创新精神是时代精神的集中体现。马克思主义中国化的最新成果中国特色社会主义理论体系,绝非教条,而是行动指南。是最具改革创新精神的理论成果,是凝聚着时代精神烙印的宝贵财富。从邓小平理论、"三个代表"重要思想到科学发展观、习近平新时代中国特色社会主义思想,理论创新的步伐一直紧跟时代的发展变化。在理论创新的过程中,解放思想、实事求是的思想路线体现着把马克思主义基本原理同时代条件相结合的思想优势,着力回答重大理论和实际问题的一贯做法体现了学风层面不断推陈出新的风格等。新时期最鲜明的特点是改革开放,最突出的标志是与时俱进。改革开放这场新的伟大革命,给理论创新发展提供了广阔的发展空间。当前,特别需要在中国特色社会主义理论体系指导下,进一步完善深化改革的顶层设计。我们的理论研究更要发扬改革创新的时代精神,着重对当前改革开放中各种人民群众反映强烈的突出社会矛盾进行全面系统的分析梳理,弄清问题所在、发展趋势、演变规律和制约问题解决的主要因素,为理论发展注入新的时代活力。深刻总结改革开放创造的新经验,根据现阶段的经济社会发展水平和大多数人的思想水平,兼顾效率和公平,兼顾各方利益,提出化解矛盾的总体思路、配套政策和具体措施。对于改革开放中涉及人民利益的问题、众说纷纭的社会热点问题,下决心理论攻关,作出科学的回答,增强人民群众对解决问题的信心,坚定对党和政府的信任。

尊重时代发展,加强同时代的"对话"。尊重时代发展,就不能脱离我们所处的国际环境和时代条件来研究问题,不脱离今天的时代变动特点,不能远离时代大潮的发展趋势。理论如果不想成为无根的浮萍、无魂的躯壳或无病的呻吟,那么就必须同现实、同时代"对话",这是理论存在和创新发展的根基。马克思指出,德国哲学"喜欢在太空遨游,寻找一个遥远的未知国度;而我只求能真正领悟,在街头巷尾遇到的日常事物"。中国特色社会主义理论自信体现的是当代中国马克思主义尊重时代发展的理性自觉。在马克思主义创新中坚持中国特色社会主义理论自信,一个重要方面就是要求中国学者认真聚焦如何更好地结合中国国情和政治现实,阐发自己关于马克思主义的原创性理解。这就需要强调问题意识,加强与时代的"对话"。一是在对"现实"的理解上,要看到今天中国最大的实际是中国特色的社会主义,最大的实践问题和理论问题是建设中国特色社会主义的问题,其他问题可以说都是由此问题派生出来的。二是在对"对话"中问题意识的理解上,首先要学会恰当地提出问题,用敏锐的眼光发现中国特色社会主义实践中的重大"真"问题,正确地提炼问题。其次是合理地研究问题,发挥马克思主义的"反思"特点,对于中国社会发展中一些重大现实问题和理论问题加以深刻的理论反思,包括各种"追问",以廓清认识的迷雾,明确解决的方向和出路。发挥马克思主义哲学所具有的"革命性、批判性"功能,用批判的精神和方式来研究问题。善于深刻地揭露矛盾、分析矛盾,以寻求矛盾的解决。以马克思主义哲学理论的穿透力和社会洞察力,切实发挥其社会性的影响。总之,用习近平总书记的话来讲,就是从我国改革发展的实践中挖掘新材料、发现新问题、提出新观点、构建新理论。

(三)面向世界,广纳博采

马克思主义是面向世界的开放的理论体系,是在吸收人类智慧基础上自觉适应时代发展要求的科学理论。正如列宁所指出的:"马克思主义同'宗派主义'毫无相似之处,它绝不是离开世界文明发展大道而产生的一种故步自封、僵化不变的学说。恰恰相反,马克思的全部天才正是在于他回答了人类先进思想已经提出的种种问题。他的学说的产生正是哲学、政治经济学和社会主义极伟大的代表人物的学说的直接继续。"①创造中国特色、中国气派、中国风格的话语体系、理论体系也不能离开世界文明发展大道,要批判吸收人类思想文化和科学知识宝库中一切有价值的东西。唯此,才能使理论体系、话语体系具有面向世界、面向未来的特色、风格和气派。

博采众长,兼容中西。中国特色社会主义理论自信是党和人民90多年奋斗、创造、积累的根本成就之一,我们除了必须从这样的奋斗、创造、积累中去认识其渊源、性质和意义之外,还要看到,这"自信"又是与资本主义的理论、资本主义的文化相比较,特别是与对后者的批判而存在的。没有这样的比较和批判,就难于深刻理解"理论自信"的独特含义;也难于在与资本主义各国建立某种共处、合作和竞争关系,以及所谓新型大国关系中既借鉴他们的某些成功的经验和失败的教训、又避免资产阶级自由化和西化等倾向的侵袭。同样,对马克思主义及其较西方思想理论的这种优越性的正确认识,也只有在将其与西方理论成果进行比较研究,并由此对后者作出实事求是的分析批判时才能变得更加深刻。但是,在同西方理论成果

---

① 《列宁选集》第2卷,人民出版社,2012年,第309页。

以及西方马克思主义的比较研究中,我们容易出现单纯的"以西解马"现象。为此,我们除了要与西方"马克思学"的误读展开对话与论辩之外,还要全面梳理马克思主义发展逻辑、创新理解马克思主义中国化最新成果,坚决避免在别人后面亦步亦趋。要看到中华民族伟大复兴为构建中国学派提供了丰厚的实践土壤,也提供了空前的历史性机遇。现代中国对世界思想学术的贡献与中华民族伟大复兴势头还不相称,这固然有西方话语霸权的原因,但主要在于我们把太多时间花在"西天取经"、为西方思想提供注脚上了。路在脚下,真知蕴藏在实践中。立足中华民族伟大复兴的实践,推动知识建构范式的革命,形成具有中国特色、解决中国问题的知识体系,并为人类发展提供中国智慧、中国方案,带来中国特色、中国风格、中国气派理论的构建重生,这是我们的历史使命。

站在人类文明的高度,在普遍性与特殊性的统一中实现创新。科学理论是普遍性与特殊性的统一,是个别与一般的有机结合。普遍性蕴藏在特殊性之中,只要是成功的发展实践就具有一定普遍意义,都会对其他国家起到一定示范效应,提供一定的镜鉴。中国这样一个大国的成功实践,更是如此。党的十九大报告指出:"中国特色社会主义进入新时代,意味着近代以来久经磨难的中华民族迎来了从站起来、富起来到强起来的伟大飞跃,迎来了实现中华民族伟大复兴的光明前景;意味着科学社会主义在二十一世纪的中国焕发出强大生机活力,在世界上高高举起了中国特色社会主义伟大旗帜;意味着中国特色社会主义道路、理论、制度、文化不断发展,拓展了发展中国家走向现代化的途径,给世界上那些既希望加快发展又希望保持自身独立性的国家和民族提供了全新选择,为解决人类问题贡献了中国智慧和中国方案。"①中国特色、中国风格、中国气派不

---

① 习近平:《决胜全面建成小康社会 夺取新时代中国特色社会主义伟大胜利——在中国共产党第十九次全国代表大会上的报告》,人民出版社,2017 年,第 10 页。

是搞中国特殊论,而是以中国实践为本位回应并解决人类普遍关切、普遍关心的问题提供中国答案,为应对人类共同面对的挑战提供中国方案。构建中国学派更不是搞知识上的"闭关锁国",而是要以海纳百川的宽广胸怀广泛借鉴、积极吸纳国际理论研究成果,站在人类文明发展的新高度来研究和推进马克思主义发展。马克思主义是面向未来的科学理论,我们要牢牢把握其为全人类解放而奋斗的立场,面向未来的发展,把中华文明纳入人类文明的大系统,创造既是自主原创又能进行国际对话、既具有民族性又具有普遍性的中国理论、中国话语。

开阔研究视野,革新研究方法。方法论自觉是构建中国特色、中国风格、中国气派理论体系题中应有之义。长期以来,我们在学习西方、学习先进的过程中总体上进入到以西方学术为师的学徒状态。这在特定历史时期有积极的一面,但面对新的时代任务、新的历史条件,必须摆脱这种状态,形成自我主张,树立自主精神,从接轨研究转向自主研究,形成自己的特色风格。这样才能走向成熟并产生伟大成果。一方面,要打破当前学术评价体系过于西化的障碍;另一方面,要倡导总体性方法,综合各个学科门类特征,探索形成新的评价体系和研究体系。学术评价若过于强调量化指标,容易引发学术研究的功利化,导致科研人员重量轻质、重载体轻内容、重应用学科轻基础学科、重短期效益轻长期效益。改革和完善学术评价体系,建立扎根中国大地、遵循科研规律的学术评价体系,是构建中国学派的必要条件。要看到中国特色、中国风格、中国气派理论体系的构建不是某一学科流派的建构,而是需要总体性视野,是一场涉及哲学、历史学、经济学、政治学、法学、社会学、民族学等多学科的范式变革,也是一场广泛深刻的思想革命。当代中国马克思主义应以非凡的理论勇气主动加强与各种民族思想文化的对话交流,加强同各种主义的交流甚至交锋,积极应对来自不同理论和学派的挑战，在碰撞中学习，充分吸收它们其中的优秀理论观点，借鉴它们有益的思想方法，丰富自身的理论体系，完善自身的理论方法。

好风凭借力，扬帆正当时。理论的基础是实践，理论自信不能仅仅建立在良好愿望和主观想象的基础之上，理论自信必然要回归实践。正如习近平总书记所指出的："站立在九百六十万平方公里的广袤土地上，吸吮着中华民族漫长奋斗积累的文化养分，拥有十三亿中国人民聚合的磅礴之力，我们走自己的路，具有无比广阔的舞台，具有无比深厚的历史底蕴，具有无比强大的前进定力。中国人民应该有这个信心，每一个中国人都应该有这个信心。"[①]"只要我们善于聆听时代声音，勇于坚持真理、修正错误，二十一世纪中国的马克思主义一定能够展现出更强大、更有说服力的真理力量！"[②]相信随着中华民族伟大复兴征程的扎实推进，在理论与实践的良性互动中，在中国特色社会主义成功的实践中，理论自信一定能得到更进一步的提升。

[①] 《十八大以来重要文献选编》（上），中央文献出版社，2014年，第699页。
[②] 习近平：《决胜全面建成小康社会 夺取新时代中国特色社会主义伟大胜利——在中国共产党第十九次全国代表大会上的报告》，人民出版社，2017年，第26—27页。

后　记

────

　　近代以来,中国积贫积弱、饱受欺凌的悲惨历史,在中华民族的历史记忆中,留下极为深刻的印记。我们的理论自信问题是由当时中国和中华民族面临的生存和发展问题派生出来的,我们的不自信也是从那个时候开始的。一个曾经繁盛的"泱泱大国"不断走下坡路甚至沦入落后挨打的窘境,"满族王朝的声威一遇到英国的枪炮就扫地以尽,天朝帝国万世长存的迷信破了产"。中国人对千百年来所坚持的、以儒家思想为主导的传统理论的自信一点一点被削弱,西方各种各样的学说被翻译介绍到中国。究竟应该信什么? 这成为当时思想理论界碰撞、探索最多的主题内容。直到中国共产党选择了马克思主义作为拯救国家、改造社会的思想武器,我们才逐渐确立起马克思主义的理论自信。在马克思主义指导下,中国共产党人将老祖宗的理论同中国实际和时代特征相结合,形成了马克思主义中国化的理论成果。从毛泽东思想到包括邓小平理论、"三个代表"重要思想、科学发展观等在内的中国特色社会主义理论,再到习近平新时代中国特色社会主义思想,理论发展的步伐愈加坚实,理论自信也愈加展现出来。恩格斯说:"思维着的精神是地球上最美丽的花朵。""一个民族要站在时代高峰,一刻也不能没有理论思

理论自信：扎根中国沃土的思维之花

维。"中国特色社会主义理论自信代表着中国共产党人对其形成的理论成果所持有的信任认可和始终不渝坚守的执着信念。理论自信指导、支撑其他自信，也是洞悉国家发展进步和未来走向的"众妙之门"。我们坚信，拥有深深扎根中国沃土的"思维之花"，我们实现民族伟大复兴的征程必将进一步加快。中华号巨轮在理论自信的涵养下必将劈波斩浪，胜利驶向美好的未来。

本书是由常培育、张家强合作完成的。写作分工为：导论、第一章、第六章、第七章、第八章、后记，常培育；第二章、第三章、第四章、第五章，张家强。本书的撰写和出版得到国防大学、战略支援部队信息工程大学领导和同事的帮助支持，得到广西师范大学出版社伍丽云、蔡楠编辑的大力支持，在此表示衷心感谢。

本书不足之处，恳请各位读者批评指正。

常培育

2018 年 3 月